RENATA RIBEIRO FELIPE

NOVOS MEIOS DE CONTROLE DA ADMINISTRAÇÃO PÚBLICA:

controle social e das políticas públicas

RENATA RIBEIRO FELIPE

NOVOS MEIOS DE CONTROLE DA ADMINISTRAÇÃO PÚBLICA:

controle social e das políticas públicas

Del Rey
editora

Belo Horizonte
2018

Impresso no Brasil | Printed in Brazil

EDITORA DEL REY LTDA
www.livrariadelrey.com.br

Editor: Arnaldo Oliveira

Editor Adjunto: Ricardo A. Malheiros Fiuza

Editora Assistente: Sirlene Santos Simões

Diagramação: Alfstudio

Revisão: Responsabilidade da autora

Capa: Alfstudio

Editora
Rua dos Goitacases, 71 – Loja 24A – Centro
Belo Horizonte-MG – CEP 30190-909
Comercial:
Tel.: (31) 3293 8233
vendas@editoradelrey.com.br
Editorial:
editorial@editoradelrey.com.br

Dados Internacionais de Catalogação na Publicação (CIP)

F315 Felipe, Renata Aparecida Ribeiro
Novos meios de controle da administração pública: controle social e das políticas públicas / Renata Aparecida Ribeiro Felipe. – Belo Horizonte : Editora Del Rey, 2018.

ISBN: 978-85-384-0518-4

1.Administração pública. 2. Políticas públicas. 3. Políticas sociais. I. Título.

CDD-350

Índices para catálogo sistemático:
1. Administração pública 354

O meu povo perece porque lhe
falta o conhecimento. [...].
(Oséias 4,6)

PREFÁCIO

Estribada em uma pesquisa séria, minuciosa e profunda, realizada no período de seu mestrado acadêmico, em que tive a honra e o gosto em Orientar, a mente arguta da jovem pesquisadora e Professora Renata Aparecida Ribeiro Felipe submeteu instigantes questões envolvendo o controle da administração pública brasileira - e seus reflexos nos instrumentos de participação popular na eficácia de combate às várias formas de corrupção -, a uma prova de resistência face o Estado de Direito Democrático e aos princípios norteadores da atuação administrativa estatal.

Os seis capítulos que compõem o presente trabalho de investigação estão muito bem concatenados e aptos a conduzir o leitor às conclusões coerentes e consistentes a que chegou a autora, notadamente quando assevera, de forma didática que "nesse estudo vai-se examinar os novos controles, seu conteúdo e extensão, buscando verificar sua (in)efetividade e o que a Administração Pública poderá, ou deverá, alterar em seus padrões tradicionais de atuação para assumir novas posturas em face de tais inovações, sempre tendo em vista o princípio primordial do Estado de Direito Democrático: a participação da sociedade", em linha com o marco teórico do Estado Constitucional e de Direito Democrático inaugurado no Brasil em 1988.

Sem abandonar a redação científica e a linguagem técnica, Renata Felipe nos traz obra de clareza e a objetividade necessárias para alcançar leitores experientes e leigos, mantendo assim os ideais da democracia na transmissão do conhecimento, nota digna dos grandes juristas. Com efeito, a autora discorre sobre o conceito de administração pública, amparada nas lições do saudoso Moreira Neto, segundo o qual trata-se de "Atividades preponderantemente executórias, definidas por lei como funções do Estado, gerindo recursos para a realização de objetivos voltados à satisfação de interesses definidos como públicos", ou dizendo de outro modo, a Administração Pública como gestora da coisa alheia, fundada na legalidade e na transparência e sobretudo em bases do Estado de Direito e na Democracia: o contrário destas premissas constituir-se-ia em arbítrio, no dizer de Norberto Bobbio.

O aspecto central do trabalho, que se deduz da leitura dos capítulos 4 e 5 da obra, gira em torno sobretudo do que Renata Felipe denominou de "Controle Social" e do "Controle das Políticas Públicas" em que sobressai a atuação do Povo como verdadeiro titular do patrimônio público já que, em última análise, é ele quem fiscaliza a atuação da gestora. A intervenção popular se faz pela democratização de práticas políticas: conjugação de mecanismos de participação direta nas decisões estatais, instrumentalizada por audiências públicas, conselhos e assembléias participativas, instauração de plebiscitos e referendos, coletas de opinião, debates públicos, colegiados públicos, co-gestão de órgãos ou entidades, entre outros mecanismos muito bem explicitados na obra.

Por outro lado, o Controle Social se faz, dentre outras formas, pelo conhecimento e utilização das regras previstas na Lei de Acesso à Informação (n. 12.527/2011), que se afigura como uma possível resposta às "promessas não cumpridas da democracia" (Bobbio), que nada mais é que a operacionalidade do Princípio Constitucional da Publicidade em sua dimensão de controle dos atos estatais a transformar-se em um poderoso antídoto ao "poder invisível" dos órgãos de Estado e suas relações com os entes privados.

Na ótica do "Controle das Políticas Públicas" em que se evidenciam os papeis do Ministério Público e do Ombusdman vêm à luz os contornos normativos do que se pretende como a *finalidade do controle* - na perspectiva principiológica de uma "boa administração", objeto aprofundamento teórico no capítulo 5 da obra - e correspondente vinculação temática ao pensamento de Odete Medauar: se se está gerindo conforme a Constituição e demais leis e sobretudo, e principalmente, se esta atividade se subsume ao interesse da Sociedade pois que ela "tem o direito de pedir conta, a todo agente público, quanto à sua administração", como solenemente proclamado pela Declaração dos Direitos do Homem e do Cidadão, de 1789.

Sob outra perspectiva, à indagação "para quê este controle?" o presente trabalho responde altaneiro: é a garantia da legitimidade dos atos da administração pública, da adequada conduta funcional dos seus agentes e, nomeadamente, da defesa dos direitos dos administrados de que fazem alusão os artigos 266º da Constituição da República Portuguesa e 41, da Carta de Direitos Fundamentais da União Europeia. Ao fim e ao cabo, a operacionalidade do direito de qualquer do Povo em fiscalizar os atos da administração pública pelo manejo dos instrumentos constitucionais e infraconstitucionais muito bem descritos no capítulo 4, deste livro, constituem evidente manifestação da Cidadania em sua dimensão de pilar do Estado de Direito Democrático, a fornecer preciosos subsídios de eficácia do atendimento dos Objetivos Fundamentais propugnados pela Sociedade brasileira à luz do artigo 3°, da Constituição do Brasil.

A seu turno, o capítulo 6 desta obra traz considerações teórico-normativas conducentes à demonstração de possível coerência do binómio "efetividade mecanismos de controle dos atos administrativos *versus* menores índices de corrupção" no sentido da aplicabilidade de um muito bem denominado "Círculo virtuoso para construção da cidadania na perspectiva da boa administração", iluminado didaticamente pelo diagrama da figura 5. De fato, como bem exposto a seguir no referido capítulo, mais educação, mais informação, mais consciência participativa, mais esclarecimento provoca, indubitavelmente, mais fiscalização e mais prestação de contas (accountability). Ora, à indagação do por quê necessitamos de estudos fomentadores de uma política antifraude, pode-se responder: a corrupção e a fraude prejudicam gravemente a economia e a sociedade; muitos países em todo o mundo sofrem de uma corrupção profundamente enraizada, o que afeta o seu desenvolvimento económico, enfraquece a democracia e compromete a justiça social e o Estado de direito.

Nesta linha de raciocínio, pode-se afirmar que nas diversas esferas de atuação nos espaços público e privado a corrupção produz sérias consequências que coloca em xeque não só a eficácia dos controles da Administração Pública como, de igual sorte, a própria Democracia pois abala os alicerces da Cidadania estruturada na implementação das promessas constitucionais.

Em última instância, a corrupção compromete a confiança dos cidadãos nas instituições e nos processos democráticos e, por isso, o consequente empoderamento popular como corolário necessário para implementação de mecanismos político-constitucionais tendentes a perscrutar o sentido da frase "quem controla os controladores"? que, a seu turno, se não for respondida adequadamente, "a democracia restará perdida" (Bobbio). É este o desígnio do livro, cujos alicerces se amparam solidamente nas bases fundantes da Soberania Popular.

É com gosto e orgulho, pois, que apresentamos a obra de Renata Aparecida Ribeiro Felipe, a quem temos a satisfação de conviver nas pesquisas conducentes à diuturna construção da Democracia pelo Direito em nossa Pontifícia Universidade Católica de Minas Gerais, seguro de que ela irá contribuir sobremaneira para o alargamento das cogitações reflexivas acerca da Teoria do Direito Administrativo em pilares de um Constitucionalismo contemporâneo, no cenário do Conhecimento Científico brasileiro.

Fernando Horta Tavares

Pós-Doutoramento em Direito Público (2016/2017) e Pós-Doutoramento em Direito Constitucional e Direito União Europeia (2008) - ambos pela Faculdade Direito Universidade Nova de Lisboa-, Instituição onde atua como Professor Convidado. Doutor em Direito e em Direito Processual pelo Programa Pós-Graduação em Direito Pontifícia Universidade Católica Minas Gerais - PUC Minas (2002), na qual é Professor Adjunto IV dos Cursos de Graduação e Pós-Graduação (Doutorado e Mestrado). Avaliador de Cursos e de Instituições Ensino Superior, do Ministério da Educação do Brasil. Investigador do CEDIS-Centro Investigação e Desenvolvimento sobre Direito e Sociedade (Faculdade Direito Universidade Nova de Lisboa) e da FCT-Fundação para a Ciência e Tecnologia (Portugal). Presidente do IICCP-Instituto de Investigação Científica Constituição e Processo (Registro CNPq). Advogado

AGRADECIMENTOS

Em primeiro lugar, sempre, agradeço Àquele que me criou, que me deu razão para viver e que, já há algum tempo, mudou minhas prioridades: ao meu Deus, a Jesus, meu agradecimento especial por mais uma oportunidade e mais um passo nesta caminhada. Todos os meus esforços seriam em vão se não fosse a Sua mão abrindo o caminho adiante de mim e me guiando com Sua doce e constante presença, me dando a força e a ajuda imprescindíveis, desde o início até o final. Fp 2:13, Rm 11:36.

Agradeço a muitos que estiveram comigo, de várias formas, mas em especial:

Aos meus pais, Antônio e Julieta, por todo seu apoio, cuidado, sustento, generosidade, compreensão, esforço, carinho, minha eterna gratidão. Sem dúvida, posso afirmar que sem vocês eu não poderia chegar até aqui. Palavras não são suficientes para lhes demonstrar todo meu agradecimento.

Ao meu amado irmão, Eduardo, meu irmão favorito, que é um exemplo e incentivo acadêmico, por toda sua ajuda, apoio tecnológico e logístico, sempre! Por todo o estímulo e torcida. Muito obrigada. Te amo muito.

À querida Luciana, por todo o carinho e apoio, de todas as formas.

Aos familiares e amigos que estiveram presentes, por seu apoio, paciência e compreensão, em especial: Tio Carlos, Tia Lécia, Carlos Eduardo, Fernanda Larissa, Tia Luiza, Heloisa e Marcelo; aos amigos do CCAA, especialmente Fernanda Pacheco Elian e Margaret Barbosa.

À Alexssandra Faria pelo seu apoio e amizade preciosa, por cuidar de mim com tanto carinho e dedicação, desde antes da graduação. Você é demais!

Ao Professor Fernando Horta Tavares, não apenas pela sua orientação dedicada, mas também e principalmente pela atenção, paciência, pelo convívio, apoio, incentivo, pela compreensão e pela amizade. Pelas incansáveis e acuradas revisões de meus textos. Por todo o seu grande exemplo profissional, que generosamente me proporcionou imenso aprendizado, por ser inspiração, pelos conselhos e pelas preciosas lições que não têm, e nunca terão, preço.

Ao Professor Edimur Ferreira de Faria, pelo incentivo que tornou o meu ingresso no mestrado possível, pela atenção, amizade e contribuições imprescindíveis.

Aos Professores José Adércio Sampaio Leite, sempre incentivando a buscar mais conhecimento desde a graduação; Antônio Cota Marçal pelos ensinamentos e pela disponibilidade e à querida professora Lusia Ribeiro Pereira pelas preciosas lições ensinadas.

Ao Dr. Alexandre Aroeira Salles pelo incentivo e apoio integral que tornaram a realização do meu mestrado possível, pelas oportunidades ofertadas, pelo aprendizado, respeito e consideração.

Aos meus Pastores Huxley Cólen e Maria Aparecida Cólen, por todo o seu cuidado e atenção, pelo carinho e ensino; e aos amados amigos da família IBE.

Ao STC e a todos os Mestres que o compõem e que, direta ou indiretamente, sustentaram-me durante a elaboração deste projeto; especialmente a querida amiga Nathalie Cólen, cuja amizade é um presente especial do céu pra mim.

Afinal, sem prejuízo da lembrança de tantos amigos a quem devo a honra e o grande apoio de suas amizades, merecem ainda menção: Anne, Sinaida, Andreia, Dabir, Renata, Mailson, Mônica, Tátila, Kelly, Judith Dalpra, Conceição Pio, Patrícia Werneck e Rosália; amigos que compartilham alegrias e tristezas, pessoas incomuns são os meus amigos, difíceis de se encontrar, principalmente hoje em dia. Vocês enchem minha vida de alegria, me ensinam muito e, frequentemente, fazem com que eu pareça ser melhor do que realmente sou. Gostaria de poder retribuir a graça e o carinho que tenho recebido de todos vocês, ao longo de nossa amizade, de alguma forma.

Aos colegas do Mestrado e amigos, especialmente os caros Fabrício Souza Duarte, Carlos Henrique Barbosa e Alan Fernandes, por todo o incentivo, auxílio, apoio e, principalmente, generosidade das amizades que ultrapassaram os muros da PUC Minas.

Aos amigos da Secretaria do Programa de Pós-Graduação stricto sensu em Direito da PUC Minas e da Biblioteca Pe. Alberto Antoniazzi, por toda a atenção, paciência, ajuda e boa vontade, sempre.

Aos alunos que tive a oportunidade e o privilégio de servir, na esperança de que possam ter aprendido em nossas aulas tanto quanto aprendi com vocês.

A todos que, de alguma forma, contribuíram para este trabalho, muito obrigada.

LISTA DE ILUSTRAÇÕES E TABELAS

LISTA DE SIGLAS

ADC – Ação Declaratória de Constitucionalidade

ADIN – Ação Direta de Inconstitucionalidade

ANATEL – Agência Nacional de Telecomunicações

BNDES – Banco Nacional de Desenvolvimento Econômico Social

CCCI – Comissão de Coordenação de Controle Interno

CEPC – Centro de Estudos e Pesquisas sobre Corrupção

CGU – Controladoria Geral da União

CN – Congresso Nacional

CONACI – Conselho Nacional de Controle Interno

CPI – Comissão Parlamentar de Inquérito

CR/88 – Constituição da República Federativa do Brasil de 1988

DETRAN – Departamento Estadual de Trânsito

EDD – Estado de Direito Democrático

EIU – *Economist Intelligence Unit*

EMC – Educação Moral e Cívica

LAI – Lei de Acesso à Informação – Lei nº 12.527/2011

LC101 – Lei de Responsabilidade Fiscal - Lei Complementar Nº 101/2000

LDO – Lei de Diretrizes Orçamentárias

LOA – Lei Orçamentária Anual

MEC – Ministério da Educação

MP – Ministério Público

OCDE - Organização para Cooperação e Desenvolvimento Econômico

ONG – Organizações Não Governamentais

ONU – Organização das Nações Unidas

OSCIP – Organização da Sociedade Civil de Interesse Público

OSPB – Organização Social e Política Brasileira

PIB – Produto Interno Bruto

PNE – Plano Nacional de Educação

PPA – Plano Plurianual

PRONATEC – Programa Nacional de Acesso ao Ensino Técnico

ProUni – Programa Universal para Todos

SECEX – Secretaria de Controle Externo

SECOB – Secretaria de Obras e Patrimônio da União

SERUR – Secretaria de Recursos

SFCI – Secretaria Federal de Controle Interno

SIC – Serviço de Informações ao Cidadão

SISU – Sistema de Seleção unificada

SISUTEC – Sistema de Seleção unificada da Educação Profissional

SPCI – Secretaria de Prevenção da Corrupção e Informações Estratégicas

STF – Supremo Tribunal Federal

TAC – Termo de Ajustamento de Conduta

TCU – Tribunal de Contas da União

UE – União Europeia

UNESCO - Organização das Nações Unidas para a Educação, a Ciência e a Cultura

WEF – *World Economic Forum*

SUMÁRIO

1
INTRODUÇÃO

A Administração, compreendida como gestão, direção e serviço a outros, despontou antes mesmo do surgimento do Estado – momento não divisado cientificamente – como bem explica Mário Lúcio Quintão Soares, passando pelas "sociedades políticas pré-estatais, que são dentre outras, a família patriarcal, o clã e a tribo, a *fatria* helênica, a *gens* romana, a gentilidade ibérica e o senhorio feudal." (SOARES, 2001, p. 120).

Com a criação do Estado e sua evolução - de Estado autoritário, absolutista, para o Estado de Direito – a Administração Pública foi organizada juridicamente.

No Estado de Direito a Administração submete-se à lei e não à vontade da autoridade, devendo observar preceitos decorrentes da soberania popular – fundamento do Estado de Direito - marcados pela prevalência do interesse social sobre o particular.

Nesse sentido, não basta que a Administração se submeta às próprias leis que criar, mas que estas sejam leis direcionadas ao interesse da coletividade.

No âmbito do Estado de Direito assinalam-se características como a limitação da atividade administrativa e seu controle, dentre outras.

Assim, o controle da Administração Pública irrompe como instrumento para coibir abusos contra interesses da comunidade e garantir que não sejam excedidos os limites e o campo de atuação da Administração, tal qual definidos pela lei – lei baseada na soberania e direcionada para o melhor interesse da sociedade - que os instituiu.

Com o avanço do Estado de Direito para o paradigma de Estado de Direito Democrático - em que se busca a aproximação da coletividade e do Estado em um diálogo contínuo e duradouro - exsurge a necessidade de maior participação popular nas escolhas e decisões da Administração Pública, bem como de sua maior fiscalização e acompanhamento pelos administrados.

Por conseguinte, o controle da Administração se desenvolve e se desdobra em: controles clássicos ou tradicionais e os chamados "novos controles".

Assim, este estudo pretende examinar, especialmente, os "novos controles", seu conteúdo e extensão, buscando verificar sua (in)efetividade e o que a Administração Pública poderá, ou deverá, alterar em seus padrões tradicionais de atuação para assumir novas posturas em face de tais inovações, sempre tendo em vista o princípio primordial do Estado de Direito Democrático: a participação da sociedade.

Neste sentido, o desenvolvimento do presente trabalho será estruturado da seguinte forma: um breve apontamento acerca da Administração Pública, trazendo os significados dessa expressão e delimitando a abrangência da incidência do controle sobre tal.

A sequência da pesquisa demonstrou a necessidade da descrição do termo controle e dos conceitos do chamado "controle institucional" ou "oficial", ou ainda dos "controles clássicos" ou "tradicionais", quais sejam os controles interno, externo e jurisdicional.

Neste contexto será abordada a atuação da Controladoria-Geral da União – CGU e do Tribunal de Contas da União, como órgãos principais do Governo Federal no que se refere aos controles interno e externo da atividade estatal, respectivamente.

O capítulo seguinte cuidará dos chamados "novos controles" da administração pública, quais sejam, o controle social e das políticas públicas. É de fundamental importância para a proposição pretendida nesta pesquisa uma análise dos instrumentos de fomento aos "novos controles" compreendidos pela consulta e audiência pública.

O direito de acesso à informação merece especial atenção. Na operacionalização e garantia desse direito e sua relação com os novos controles, destacam-se a Declaração dos Direitos do Homem e do Cidadão de 1789, a Declaração Universal dos Direitos Humanos da Organização das Nações Unidas de 1948, o Pacto Internacional dos Direitos Civis e Políticos da Organização das Nações Unidas de 1966, a Convenção Americana sobre Direitos Humanos da Organização dos Estados Americanos de 1969, a Declaração Interamericana de Princípios de Liberdade de Expressão da Comissão Interamericana de Direitos Humanos de 2000, a Carta dos direitos fundamentais da União Europeia, a Convenção das Nações Unidas contra a Corrupção de 2003, bem como a recente Lei nº 12.527/2011, Lei de Acesso à informação.

Tais instrumentos marcam sua cooperação para viabilizar a participação popular ativa e consciente, garantindo a publicidade e a transparência da Administração Pública, na criação dos mecanismos de *accountability*.

Neste mister, ainda nesse capítulo será tratado o controle das políticas públicas, abrangendo o controle realizado pelo Ministério Público e pelo *Ombudsman*, favorecendo o diálogo entre a sociedade e a Administração Pública.

O capítulo seguinte será delineado pela relação entre os "novos controles" e o direito à boa administração ou "princípio da boa governança", abrangendo a observância dos princípios constitucionais expressos e a participação popular como uma nova formatação da relação entre Administração Pública e sociedade.

São apontadas as deficiências que impedem a efetividade dos novos controles e sua consequência, notadamente a corrupção na Administração Pública.

Por derradeiro, será feita a proposição de maiores investimentos na Educação como solução para aumentar e amadurecer o grau de consciência da sociedade, especialmente quanto à relevância de sua participação na Administração Pública trazendo, assim, efetividade para os novos controles, assegurando a boa administração.

No contexto do Estado de Direito Democrático é que se delimita o objeto do presente trabalho.

2
ADMINISTRAÇÃO PÚBLICA

Ao iniciar o estudo do controle da Administração Pública, faz-se necessário trazer algumas breves considerações sobre os significados desse termo.

As palavras "administração" e "administrar", de forma comum, são descritas como:

> **administração**
> **1**. Ação ou efeito de administrar. **2**. Conjunto de princípios, normas e funções que têm por fim ordenar a estrutura e funcionamento de uma organização (empresa, órgão público, etc.). **3**. A sua prática. **4**. Função do administrador. **5**. O período de exercício dessa função. **6**. Pessoal que administra. **7**. Local da administração.
> **administrar**
> **1**. Gerir (negócios públicos ou particulares). **2**. Governar; dirigir. **3**. Dirigir (instituição) [...] **6**. Manter (grupo, situação, etc.) sob controle. (FERREIRA, 2000, p. 17).

Quanto à origem desses vocábulos, duas versões são indicadas por Oswaldo Aranha Bandeira de Mello, citado por Maria Sylvia Zanella di Pietro:

> [...] Para uns, vem de ad (preposição) mais ministro, as, are (verbo), que significa servir, executar; para outros, vem de ad manus trahere, que envolve idéia de direção ou gestão. Nas duas hipóteses, há o sentido de relação de subordinação, de hierarquia. O mesmo autor demonstra que a palavra administrar significa não só prestar serviço, executá-lo, como, outrossim, dirigir, gover-

> nar, exercer a vontade com o objetivo de obter um resultado útil; e que até, em sentido vulgar, administrar quer dizer traçar programa de ação e executá-lo. (DI PIETRO, 2013, p. 49).

Acresça-se à palavra "administração" o termo "pública", que traz o sentido de algo relativo ou pertencente ao povo, à coletividade, à população em geral; algo que é ou serve para o uso de todos. E assim, vê-se que a expressão "Administração Pública" é de difícil conceituação, pois comunica mais de um sentido.

A Administração Pública é considerada sob aspectos objetivos e subjetivos.

O aspecto objetivo ou material ou funcional refere-se às **atividades** desempenhadas pelo Estado, por seus órgãos e agentes, por meio da prestação de serviços públicos, por exemplo.

O aspecto subjetivo ou formal ou orgânico (organizacional) refere-se ao conjunto de **agentes**, órgãos e pessoas jurídicas responsáveis por funções administrativas.

Nesse sentido, ensina Hely Lopes Meirelles:

> Em sentido lato, *administrar* é gerir interesses, segundo a *lei*, a *moral* e a *finalidade* dos bens entregues à guarda e conservação alheias. Se os bens e interesses geridos são individuais, realiza-se administração particular; se são da coletividade, realiza-se administração pública. Administração pública, portanto, é a gestão de bens e interesses qualificados na comunidade no âmbito federal, estadual ou municipal, segundo os preceitos do Direito e da Moral, visando ao bem comum.
>
> No Direito Público – do qual o Direito Administrativo é um dos ramos - a locução *Administração Pública* tanto designa pessoas e órgãos governamentais como a atividade administrativa em si mesma. Assim, sendo, pode-se falar de *administração pública* aludindo-se aos instrumentos de governo como à gestão mesma dos interesses da coletividade.
>
> [...]
>
> Mais uma vez advertimos o leitor de que escrevemos sempre a expressão *Administração Pública*, com maiúsculas, quando nos referimos a **pessoas e órgãos** administrativos, e com minúsculas – *administração pública* – quando aludimos à **atividade administrativa em si mesma**. (MEIRELLES, 2004, p.84, destaque nosso).

Odete Medauar instrui que "A Administração Pública, como objeto precípuo do direito administrativo, encontra-se inserida no Poder Executivo" (MEDAUAR, 2010, p. 48) e José Cretella Júnior orienta no sentido de que:

> *administração* é não só *Governo*, Poder Executivo, a complexa máquina administrativa, o pessoal que a movimenta (ótica formal), como também a atividade desenvolvida por esse indispensável aparelhamento (ótica material), que possibilita ao Estado o preenchimento de seus fins. É a atividade que o Estado desenvolve, por meio de seus órgãos, para a consecução do interesse público (ótica formal e material). (CRETELLA JÚNIOR, 2005, p. 18-19).

A Constituição da República, no art. 37, utiliza a locução "Administração Pública", abrangendo os sentidos formal e material sem fazer distinção expressa entre eles, tampouco permitindo que a Administração Pública seja confundida com algum dos Poderes que constituem o Estado.

Então, enuncia que "A administração pública direta e indireta de qualquer dos Poderes da União, dos Estados, do Distrito Federal e dos Municípios obedecerá aos princípios de legalidade, impessoalidade, moralidade, publicidade e eficiência [...]." (BRASIL, 1988).

Dessa forma, nota-se que a estrutura da Administração no Brasil apresenta uma divisão, em razão da forma federativa, em Administração Federal, Estadual, do Distrito Federal e Municipal.

Odete Medauar explica que essa é uma divisão vertical que não significa hierarquia entre os níveis e prossegue esclarecendo que: "No aspecto horizontal, em cada uma dessas Administrações, quando o grau de complexidade admitir, reparte-se a Administração Pública em *Administração direta* e *Administração indireta*." (MEDAUAR, 2010, p. 55).

Para conceituar Administração direta e indireta, José dos Santos Carvalho Filho afirma:

> Administração **Direta** é o **conjunto de órgãos** que integram as pessoas federativas, aos quais foi atribuída a competência para o exercício, **de forma centralizada**, das atividades administrativas do Estado.
>
> [...]
>
> Administração **Indireta** do Estado é o **conjunto de pessoas administrativas** que, vinculadas à respectiva Administração Direta, têm o objetivo de desem-

> penhar as atividades administrativas **de forma descentralizada**. (CARVALHO FILHO, 2013, p. 455 e 459, destaque nosso).

Vê-se que, para a compreensão da definição apresentada, o mais importante é identificar se o desempenho das atividades ocorre de forma centralizada ou descentralizada.

O cumprimento das atividades administrativas ocorre de forma centralizada quando é realizado diretamente pelo Estado, por meio de seus órgãos. Carvalho Filho cita como exemplo o caso das "administrações tributárias da União, dos Estados, do Distrito Federal e dos Municípios", previstas no art. 37, XXII, da CR/88.

Já a execução de tarefas estatais de forma descentralizada ocorre quando estas são realizadas por outras pessoas jurídicas distintas da Administração Pública, mas instituídas por esta, por meio de lei.

Assim, a Administração Indireta é composta pelas entidades enunciadas pelo Decreto-lei nº 200/67 (BRASIL, 1967), quais sejam as autarquias, empresas públicas (ou empresas estatais), sociedades de economia mista e fundações públicas.

Feitas essas breves considerações, passa-se ao exame do controle que é realizado sobre toda a "Administração Pública".

3
CONTROLE DA ATIVIDADE DO ESTADO

A Administração Pública, no âmbito do Estado de Direito Democrático, necessita de acompanhamento do desempenho de suas atividades, a fim de se assegurar o atendimento e a proteção do interesse público, bem como garantir que sua atuação seja coerente com seus objetivos e princípios, especialmente os insculpidos no *caput* do art. 37 da CR/88.

Assim, o sistema de controle da Administração Pública, e seus mecanismos, foram concebidos para alcançar esse fim.

Nesse sentido, ensina Maria Sylvia Zanella di Pietro:

> a finalidade do controle é a de assegurar que a Administração atue em consonância com os princípios que lhe são impostos pelo ordenamento jurídico, como os da legalidade, moralidade, finalidade pública, publicidade, motivação, impessoalidade; [...]. (DI PIETRO, 2010, p. 728).

Ao tratar da conceituação do vocábulo 'controle', o magistério de Evandro Martins Guerra diz:

> controle, no sentido empregado nesse estudo, é a palavra originária do francês *Contrerole*, anotada, segundo pesquisadores, desde 1367, como também do latim medieval *contrarotulus*, significando, àquela época, "contralista", isto é, segundo exemplar do catálogo dos contribuintes, com base no qual se verificava a operação do cobrador de tributos, designando um segundo registro, organizado para verificar o primeiro. (GUERRA, 2007, p. 89).

Assim, o segundo registro era confrontado com o primeiro, original, buscando reexaminar a atividade do primeiro agente.

Posteriormente, ocorreu a evolução para a acepção mais atual, qual seja, a de análise, domínio e fiscalização.

Fábio Konder Comparato, citado por Marçal Justen Filho (2011, p. 1100) ensina que o termo 'controle' traz em si não só o sentido de fiscalização, mas também de orientação.

Segundo Giannini e Bergeron, citados por Medauar (2012, p. 20) o termo 'controle' tem vários sentidos, podendo se enumerar seis que se destacam, quais sejam: dominação, direção, limitação, fiscalização, verificação e registro.

Essa pluralidade de significados talvez seja a maior dificuldade de se indicar hoje, com exatidão, um sentido único para o controle da Administração Pública.

No que se refere à atividade do Estado como "uma organização de bens e pessoas para a realização dos direitos fundamentais" (JUSTEN FILHO, 2011, p. 1100) existe uma necessidade de instrumentos de controle de sua atividade para verificar a regularidade de seus atos, prevenir e combater eventuais desvios.

Nesse sentido, Carvalho Filho descreve o controle da Administração Pública como "o conjunto de mecanismos jurídicos e administrativos por meio dos quais se exerce o poder de fiscalização e de revisão da atividade administrativa em qualquer das esferas de Poder." (CARVALHO FILHO, 2013, p. 941).

Maria Sylvia Zanella di Pietro traz definição semelhante ao dizer que o controle da Administração Pública é:

> o poder de fiscalização e correção que sobre ela exercem os órgãos dos Poderes Judiciário, Legislativo e Executivo, com o objetivo de garantir a conformidade de sua atuação com os princípios que lhe são impostos pelo ordenamento jurídico. (DI PIETRO, 2010, p. 729).

Vê-se que aqui o sentido de poder de fiscalização, um dos citados por Giannini e Bergeron, vem acompanhado de poder de revisão.

Celso Antônio Bandeira de Mello o apresenta como: "[...] diversos mecanismos para mantê-la dentro das trilhas a que está assujeitada." (MELLO, 2010, p. 934). Para Edimur Faria é o controle "exercido pela Administração, em sentido lato, sobre os seus próprios órgãos, por meio de mecanismos e procedimentos estabelecidos por lei e regulamentos." (FARIA, 2011, p. 682). Diógenes Gasparini o coloca como:

> o exercício pelo Executivo e por órgãos de administração do Legislativo e do Judiciário sobre suas próprias atividades administrativas, visando confirmá-las ou desfazê-las, conforme sejam, ou não, legais, convenientes, oportunas e eficientes. É controle que ocorre tanto no Executivo como nos setores de administração dos demais Poderes. (GASPARINI, 2012, p. 1040)

Na mesma linha Odete Medauar, em obra na qual apresenta um estudo dos controles da Administração Pública, ao tratar do conceito desse termo afirma que "mostra-se viável partir da noção essencial apresentada por Forti, Bergeron e Giannini, no sentido de *verificação da conformidade de uma atuação a determinados cânones*." (MEDUAR, 2012, p. 24) e a seguir traz vários outros conceitos:

> [...] D'Auria assinala ser o controle "a verificação dos atos ou atividades das Administrações Públicas"; as "autoridades verificam a conformidade ou não de atos e atividades a certas regras e adotam as medidas decorrentes ou as solicitam de outras autoridades". Para Roberta Lombardi, controle é "atividade de reexame funcionalizada e, portanto, essencialmente dirigida ao atendimento de interesses do ordenamento a que tal poder diz respeito". Nas palavras de Sorace, o controle envolve a "idéia de uma atividade destinada a verificar se o que é objeto do controle é conforme ou não a um parâmetro, que pode ser de normas (jurídicas) ou técnicas ou de bom andamento ou só de diretrizes ou de projetos." (MEDAUAR, 2012, p. 24-25).

O controle da Administração Pública apresenta ainda várias classificações, ou tipologias, quanto: ao tempo, ao momento, à autoridade, ao órgão, à iniciativa, ao objeto, aos procedimentos, ao resultado, etc. de sua realização.

Neste estudo, optou-se pelo conceito mais amplo possível de controle, abrangendo dominação, direção, comando, gestão, limitação, regulamentação, vigilância, fiscalização, supervisão, inspeção, verificação, constatação, registro, identificação e autenticação, em razão do relevo assumido pelo tema, dado o aumento do controle sobre a Administração Pública, verificado nos últimos anos.

E, assim como na obra de Odete Medauar, foi adotada a tipologia pelo critério do agente controlador, "ou seja, o órgão, ente, instituição ou pessoa que exerce a atividade de controle sobre a Administração Pública." (MEDAUAR, 2012, p. 42).

Assim, antes de adentrar o estudo direto dos chamados "novos controles"[1], faz-se necessário trazer os conceitos do chamado "controle institucional" ou "oficial", ou ainda dos "controles clássicos" ou "tradicionais", quais sejam os controles interno, externo e jurisdicional.

Ao tratar do controle que é realizado sobre a Administração Pública é praticamente impossível não fazer ao menos uma referência a essas formas de atuação.

Desse modo, não será feito um estudo aprofundado de tais institutos, mas convém uma contextualização do tema, ressaltando-se apenas algumas características e procedimentos que se entende por bem destacar.

3.1 Controle interno da administração pública

A norma insculpida no art. 70 da Constituição Federal dispõe que o Congresso Nacional exercerá a fiscalização contábil, financeira, orçamentária, operacional e patrimonial da União, bem como das entidades da administração direta e indireta, "mediante controle externo, **e pelo sistema de controle interno de cada Poder.**" (BRASIL, 1988, destaque nosso).

Mais adiante, o art. 74 da CR/88 detalha a finalidade do citado sistema:

> Art. 74. **Os Poderes Legislativo, Executivo e Judiciário manterão, de forma integrada, sistema de controle interno** com a finalidade de:
>
> I - avaliar o cumprimento das metas previstas no plano plurianual, a execução dos programas de governo e dos orçamentos da União;
>
> II - comprovar a legalidade e avaliar os resultados, quanto à eficácia e eficiência, da gestão orçamentária, financeira e patrimonial nos órgãos e entidades da administração federal, bem como da aplicação de recursos públicos por entidades de direito privado;

---

1 Expressão cunhada por Odete Medauar em sua obra "Controle da Administração Pública".

> III - exercer o controle das operações de crédito, avais e garantias, bem como dos direitos e haveres da União;
>
> IV - apoiar o controle externo no exercício de sua missão institucional.
>
> § 1º - Os responsáveis pelo controle interno, ao tomarem conhecimento de qualquer irregularidade ou ilegalidade, dela darão ciência ao Tribunal de Contas da União, sob pena de responsabilidade solidária.
>
> § 2º - Qualquer cidadão, partido político, associação ou sindicato é parte legítima para, na forma da lei, denunciar irregularidades ou ilegalidades perante o Tribunal de Contas da União. (BRASIL, 1988, destaque nosso).

Ademais, também o artigo 31 da CR/88 faz referência a esse controle, ao tratar especificamente dos municípios, dizendo que: "**A fiscalização do Município será exercida** pelo Poder Legislativo Municipal, mediante controle externo, **e pelos sistemas de controle interno do Poder Executivo Municipal**, na forma da lei." (BRASIL, 1988, destaque nosso).

Contudo cabe lembrar que, mesmo antes disso, e de forma inovadora, a Lei 4.320/64 (BRASIL, 1964) normatizou o controle interno em seus artigos 76 a 80, cuidando de sua atividade, bem como o Decreto-lei 200/67, em seus artigos 13 e 14.

O controle interno, nas palavras de Celso Antônio Bandeira de Mello, seria "o controle exercido por órgãos da própria Administração, isto é, integrantes do aparelho do Poder Executivo." (MELLO, 2010, p. 937).

Marçal Justen Filho afirma que não se trata de "sinônimo de controle realizado pelo Poder Executivo" (JUSTEN FILHO, 2012, p. 1116) e o explica como sendo:

> o dever-poder imposto ao próprio Poder de promover a verificação permanente e contínua da legalidade e da oportunidade da atuação administrativa própria, visando a prevenir ou eliminar defeitos ou a aperfeiçoar a atividade administrativa, promovendo as medidas necessárias a tanto. (JUSTEN FILHO, 2012, p. 1115).

Esse autor chama atenção para o fato de que o controle interno é exercido no âmbito de todas as funções estatais – executiva, judiciária e legislativa – incluindo ainda os Tribunais de Contas e o Ministério Público.

Quanto à definição, Odete Medauar entende que "mais adequado seria dizer que o controle interno da Administração Pública é a fiscalização que a mesma exerce sobre os atos e atividades de seus órgãos e das entidades descentralizadas que lhe são vinculadas." (MEDAUAR, 2012, p. 49).

O controle interno é o controle que a Administração realiza sobre si mesma, e pode receber vários nomes tais como: "controle administrativo, controle intraorgânico, controle intra-administrativo." (MEDAUAR, 2010, p. 391).

Este controle pode ser acionado de ofício ou por provocação, deve ser procedimentalizado, envolver apenas a atuação do ente em questão e pode ser exercitado a qualquer tempo, de forma prévia, concomitante ou posterior à prática do ato administrativo.

Merece ser referenciado aqui o conjunto de atribuições do controle interno destacado pela Profª Odete Medauar na obra "Direito Administrativo Moderno":

> O controle interno visa ao cumprimento do princípio da legalidade, à observância dos preceitos da "boa administração", a estimular a ação dos órgãos, a verificar a conveniência e a oportunidade de medidas e decisões no atendimento do interesse público (controle de mérito), a verificar a proporção custo-benefício na realização das atividades e a verificar a eficácia de medidas na solução de problemas. (MEDAUAR, 2010, p. 391).

O "Manual de Integridade Pública e Fortalecimento da Gestão", publicação da Controladoria-Geral da União[2], define o controle interno como sendo:

> O controle interno compreende o plano de organização e todos os métodos e medidas adotados pela Administração Governamental para salvaguardar os seus ativos, desenvolver a eficiência nas operações, estimular o cumprimento das políticas administrativas prescritas e verificar a exatidão e a fidelidade dos dados contábeis e o cumprimento da lei.
>
> Assim, o controle deve ser entendido como um processo amplo, permanente e contínuo, que visa:
>
> - ao **monitoramento** permanente das atividades planejadas e executadas;
> - à **fiscalização** das atividades;

---

2 Órgão central do Sistema de Controle Interno brasileiro

- à **correção** de eventuais irregularidades;
- à **orientação** aos gestores;
- à **avaliação e gerenciamento** de riscos. (BRASIL, 2013a, p. 9-10, destaque nosso)

Destarte, esse controle tem o papel de prevenir, identificar e suprimir erros, bem como de aperfeiçoar a atividade administrativa, como ensina Justen Filho (2012).

Alguns dos principais instrumentos de realização do controle interno são:

a) o **direito constitucional de petição**, consagrado na norma do art. 5º, XXXIV, a, CR/88, que consiste no direito de qualquer pessoa formular aos órgãos públicos qualquer tipo de postulação em defesa de direitos ou contra ilegalidade ou abuso de poder;

b) os **recursos administrativos** (pedido de reconsideração, revisão, etc.);

c) o **autocontrole** (fiscalização pela mesma autoridade que praticou o ato);

d) o **controle hierárquico**;

e) o **controle ministerial**;

f) as **ouvidorias**;

g) os **pareceres vinculantes** e

h) a **inspeção, auditoria e correição**, atividades nas quais se destaca a atuação das Corregedorias e, especialmente, da Controladoria-Geral da União, que merecerá maior atenção a seguir.

A importância do controle interno justifica-se em razão de seus objetivos, citados por Carvalho Filho (2013, p. 947-948): confirmação, correção e alteração dos atos e comportamentos da Administração.

Como ensina Victor J. Faccioni:

> diferentemente do que usualmente muitos administradores afirmam ser o Controle Interno mais um a fiscalizar as ações governamentais, emperrando-se a máquina administrativa e por conseqüência a execução de seus programas, a bem da verdade "o Controle Interno não é nada disso, ele se constitui na longa *manus* do bom administrador, e nele tem seu aliado, porquanto, se bem estruturado e ativo, certamente auxiliará o gestor, possibilitando-lhe uma visão das mais variadas situações que envolvem a administração, opor-

tunizando-se sejam realizados ajustes e correções que venham a evitar o desperdício do dinheiro público." (FACCIONI, 2007, p.68).

Dessa forma, por meio do controle interno bem realizado, a otimização dos serviços públicos é promovida, "visando à qualidade, transparência e, sobretudo, à probidade administrativa." (VEJA, 2013a, p. 9).

O controle interno desempenha papel de grande relevância também na elaboração de prestação de contas pelos gestores, especialmente os gestores municipais, de modo que a fiscalização dos municípios está atrelada a esse controle, como dispõe a Constituição: "Art. 31. **A fiscalização do Município será exercida** pelo Poder Legislativo Municipal, mediante controle externo, **e pelos sistemas de controle interno** do Poder Executivo Municipal, na forma da lei." (BRASIL, 1988, destaque nosso).

O poder da Administração de rever seus próprios atos é reconhecido sem restrição pelo Poder Judiciário, haja vista a edição das Súmulas 346 e 473 pelo Supremo Tribunal Federal, *in verbis*:

> Súmula Nº 346
>
> A administração pública pode declarar a nulidade dos seus próprios atos. (BRASIL, 1964a).
>
> [...]
>
> Súmula Nº 473
>
> A administração pode anular seus próprios atos, quando eivados de vícios que os tornam ilegais, porque deles não se originam direitos; ou revogá-los, por motivo de conveniência ou oportunidade, respeitados os direitos adquiridos, e ressalvada, em todos os casos, a apreciação judicial. (BRASIL, 1969).

Também a Lei de Responsabilidade Fiscal corrobora a importância desse instrumento ao dispor que ao controle interno incumbe a fiscalização do cumprimento das normas contidas em seu corpo, como se vê nos artigos 54 e 59, nesses termos:

> Seção IV
>
> Do Relatório de Gestão Fiscal
>
> Art. 54. **Ao final de cada quadrimestre será emitido** pelos titulares dos Poderes e órgãos referidos no art. 20 **Relatório de Gestão Fiscal**, assinado pelo:

> [...]
>
> Parágrafo único. **O relatório também será assinado** pelas autoridades responsáveis pela administração financeira e **pelo controle interno**, bem como por outras definidas por ato próprio de cada Poder ou órgão referido no art. 20.
>
> [...]
>
> Seção VI
>
> Da Fiscalização da Gestão Fiscal
>
> Art. 59. O Poder Legislativo, diretamente ou com o auxílio dos Tribunais de Contas, **e o sistema de controle interno** de cada Poder e do Ministério Público, **fiscalizarão o cumprimento das normas desta Lei Complementar**, com ênfase no que se refere a: [...]. (BRASIL, 2000, destaque nosso).

Como se depreende da leitura dos artigos da LC101 supracitados, cada Poder precisa estruturar seu sistema de controle interno, em todas as esferas de governo, mas conforme afirma Victor J. Faccioni:

> ocorre um fato, que não mais pode passar como se despercebido fosse, dada sua importância e amplitude. **A despeito da determinação Constitucional, grande parte da Administração Pública Brasileira**, especialmente no âmbito municipal, **não criou e/ou implantou até hoje, qualquer providência relacionada com o CONTROLE INTERNO**. (FACCIONI, 2007, destaque nosso).

A situação de inexistência ou ineficiência do controle interno, mencionada por Faccioni, agrava problemas como a má gestão e a corrupção.

Faccioni cita ainda o relatório de pesquisa realizada pela empresa de consultoria KPMG[3], acerca de fraudes no Brasil, que apresenta o controle interno como protagonista tanto na origem das fraudes, quando inexistente ou ineficiente, como na descoberta das mesmas, quando bem estruturado e eficaz.

Vale reproduzir aqui alguns gráficos que ilustram as informações veiculadas na pesquisa de 2005, (GRÁF. 1):

3 O "Relatório da Pesquisa: A Fraude no Brasil" citado por Victor Faccioni refere-se ao ano de 2005, tendo sido atualizado para o "Relatório da Pesquisa: A Fraude no Brasil 2009", KPMG, (KPMG, 2009).

Gráfico 1 – A origem das fraudes

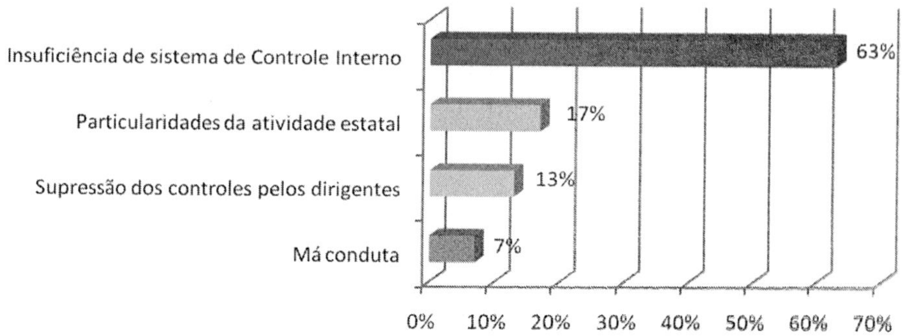

Fonte: FACCIONI, 2007, p. 70

Se, por um lado, o gráfico anterior revela que 63% das fraudes têm sua causa relacionada à insuficiência do controle interno, por outro lado, a descoberta e combate das mesmas têm também nesse controle seu maior aliado, como demonstra o (GRÁF. 2) a seguir:

Gráfico 2 – Como as fraudes são descobertas

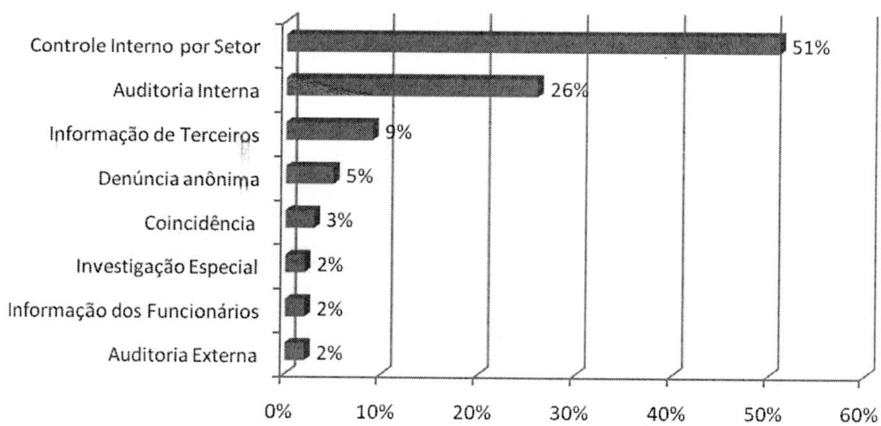

Fonte: FACCIONI, 2007, p. 70

Ocorre que, o "Relatório da Pesquisa: A Fraude no Brasil" citado por Victor Faccioni refere-se ao ano de 2005, tendo sido atualizado para o "Relatório da Pesquisa: A Fraude no Brasil 2009", cujos resultados mantiveram a "insuficiência de sistema de Controle Interno" em primeiro lugar quanto à maior preocupação em relação à origem das fraudes (64%).

Contudo, em relação ao relatório de 2005, a pesquisa de 2009 aponta que a forma de descoberta - de incidência de fraudes - aumentou de 2% para 24% por denúncia feita pelos próprios funcionários e, ainda, de 9% para 22% por relato de terceiros.

Assim, evidencia-se "a importância do Controle Interno, como principal instrumento de combate às fraudes e qualificação do trabalho realizado na área pública." (FACCIONI, 2007, p. 70).

Nesse sentido, há relativamente pouco tempo, o controle interno alcançou ainda maior relevância e visibilidade, em razão da criação e fortalecimento da Controladoria-Geral da União, órgão principal do Governo Federal no que se refere ao controle interno da atividade estatal, o qual será tratado a seguir.

3.1.1 Controladoria-Geral da União – CGU

Cada vez mais é conferida "maior e incomum atenção" à CGU, muito embora sem a devida precisão técnica, como bem afirma Fábio Magrinelli Coimbra (2006, p. 346) em seu artigo intitulado "Estado democrático de direito e controle da atividade estatal: breves notas sobre a Controladoria-Geral da União".

A Controladoria-Geral da União, criada em 2001, em tão pouco tempo de existência adquiriu destaque como centro do Sistema de Controle Interno do Poder Executivo Federal.

A então denominada Corregedoria-Geral da União, passou a integrar a estrutura da Presidência da República por meio da edição da Medida Provisória nº 2.143-31, de 2 de abril de 2001 que, por sua vez, alterou a Lei n.º 9.649 de 27 de maio de 1998, que dispunha sobre a organização da Presidência da República e dos Ministérios, nesses termos:

> **Art. 1o A Lei no 9.649, de 27 de maio de 1998, passa a vigorar com as seguintes alterações:**
>
> "Art. 1o A Presidência da República é constituída, essencialmente, pela Casa Civil, pela Secretaria-Geral, pela Secretaria de Comunicação de Governo e pelo Gabinete de Segurança Institucional.

§ 1º Integram a Presidência da República como órgãos de assessoramento imediato ao Presidente da República:

I - o Conselho de Governo;

II - o Advogado-Geral da União;

III - o Gabinete do Presidente da República;

....

§ 3o Integram ainda a Presidência da República:

I - a Corregedoria-Geral da União; e

II - a Secretaria Especial de Desenvolvimento Urbano." (NR)

[...]

(BRASIL, 2001a, destaque nosso)

No tocante às suas competências, a CGU foi criada para "dar o devido andamento às representações ou denúncias fundamentadas que receber, relativas a lesão, ou ameaça de lesão, ao patrimônio público, velando por seu integral deslinde." (BRASIL, 2001a), ainda nos termos da MP 2.143-31/2001, em especial no artigo 14-A e demais, *in verbis*:

> [...]
>
> Art. 6o-A. À Corregedoria-Geral da União compete **assistir direta e imediatamente ao Presidente da República no desempenho de suas atribuições, quanto aos assuntos e providências que, no âmbito do Poder Executivo, sejam atinentes à defesa do patrimônio público.**
>
> Parágrafo único. A Corregedoria-Geral da União tem, em sua estrutura básica, o Gabinete, a Assessoria Jurídica e a Subcorregedoria-Geral." (NR)
>
> [...]
>
> **Art. 14-A.** À Corregedoria-Geral da União, no exercício de sua competência, cabe dar o devido andamento às representações ou denúncias fundamentadas que receber, relativas a lesão, ou ameaça de lesão, ao patrimônio público, velando por seu integral deslinde.
>
> [...]
>
> "Art. 32. **O Poder Executivo disporá, em decreto, na estrutura regimental** dos Ministérios, dos órgãos essenciais, da Secretaria Especial de Desenvolvimento Urbano da Presidência da República e **da Corregedoria-Geral da União da Presidência da República, sobre as competências e atribuições,**

denominação das unidades e especificação dos cargos." (NR) (BRASIL, 2001a, grifo nosso)

Como visto acima, o órgão que é conhecido hoje como "Controladoria-Geral da União" foi instituído inicialmente com o nome de "Corregedoria-Geral da União". Mas a mudança de nome foi apenas um dos vários passos trilhados pela CGU em seu caminho desde a sua criação até chegar à configuração que possui nos dias atuais.

Nessa trajetória houve uma evolução, particularmente em relação às competências conferidas ao órgão.

Cerca de um ano após a integração da Corregedoria-Geral da União à Presidência da República, por meio do Decreto n.º 4.177 de 28 de Março de 2002, a **Secretaria Federal de Controle Interno (SFCI)** e a **Comissão de Coordenação de Controle Interno (CCCI)** passaram a integrar a estrutura do órgão. (BRASIL, 2002a, destaque nosso).

E, por meio do mesmo dispositivo legal, também as competências da Ouvidoria-Geral foram atribuídas à Corregedoria-Geral da União, nesses termos:

> Art. 1o **Ficam transferidas** da estrutura da Casa Civil da Presidência da República **para a da Corregedoria-Geral da União a Secretaria Federal de Controle Interno e a Comissão de Coordenação de Controle Interno.**
>
> Art. 2o **Ficam transferidas para a Corregedoria-Geral da União as competências de controle interno e auditoria pública da Casa Civil da Presidência da República.**
>
> Art. 3o **Ficam transferidas para a Corregedoria-Geral da União as competências de ouvidoria-geral do Ministério da Justiça.**
>
> Parágrafo único. O disposto no ***caput*** não abrange as competências de ouvidoria-geral de direitos humanos. (BRASIL, 2002a, destaque nosso)

Segundo informações disponíveis no sítio eletrônico do órgão (BRASIL, 2012a; 2013b), a CGU está estruturada em quatro unidades finalísticas, de acordo com a área de atuação:

a) Controle interno: Secretaria Federal de Controle Interno (SFCI);

b) Prevenção da corrupção: Secretaria de Prevenção da Corrupção e Informações Estratégicas (SPCI);

c) Correição: Corregedoria-Geral da União (CRG); e

d) Ouvidoria: Ouvidoria-Geral da União (OGU).

A figura 1 a seguir ilustra o organograma da CGU até a edição da MP 726/2016[4].

Figura 1 – Organograma da Controladoria-Geral da União

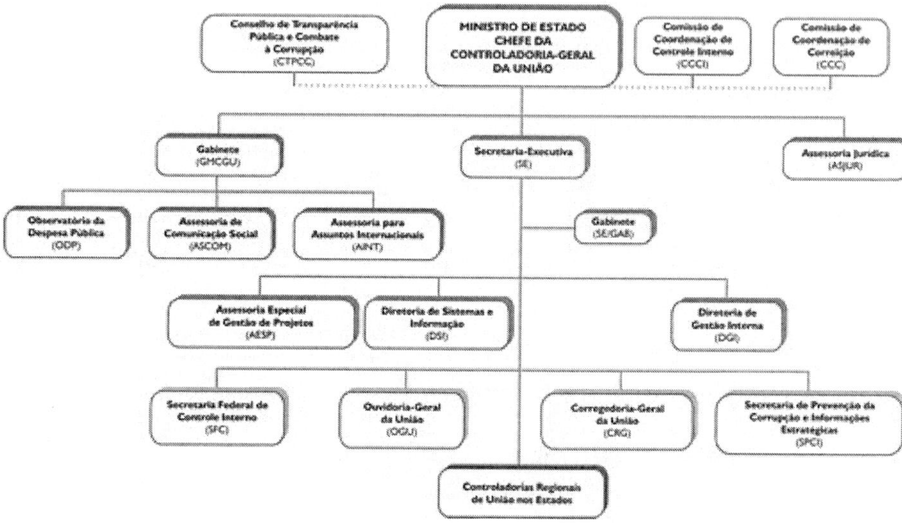

Fonte: BRASIL, 2013c.

Na promoção do controle interno, a CGU atua de forma ainda mais expressiva desde 2003, por meio de seu "Programa de Fiscalização em Pequenos e Médios Municípios"[5], a partir de sorteios públicos.

Em 2004, esse programa foi estendido aos estados, realizando também "sorteios especiais" para promover a fiscalização da aplicação de recursos com destinação específica como saneamento, habitação, Bolsa Família, Programa de Saúde da Família, dentre outros.

Dessa forma, a CGU desenvolve também ações de auxílio na implantação e capacitação de controles internos, fornecendo orientações sobre como es-

4 A Medida Provisória Nº 726, de 12 de Maio de 2016 alterou e revogou dispositivos da Lei no 10.683, de 28 de maio de 2003, que dispunha sobre a organização da Presidência da República e dos Ministérios.

5 Citado em seu "balanço de ações" especialmente o referente ao ano de 2008. (BRASIL, 2008a).

tabelecer controladorias, sistemas de controle interno, planejar as chamadas "ações de controle" (procedimentos de fiscalização), tendo por objetivo instituir ou aperfeiçoar o sistema de controle interno, quando este já existir.

Assim, a CGU criou a "Ação de Cooperação com os Controles Internos", descrita em seu sítio eletrônico (BRASIL, 2013d) como parte integrante do "Programa de Fortalecimento da Gestão Pública" cujo objetivo é cooperar para a boa e regular aplicação dos recursos públicos pelos entes federados.

Esse programa foi criado a partir dos resultados das fiscalizações do órgão, que demonstraram a necessidade de mais informação para os gestores locais, bem como de melhor estruturação de instrumentos acerca do controle interno, para possibilitar a boa gestão dos recursos públicos.

Com essas ações, a CGU realiza também um trabalho de conscientização e prevenção da corrupção, **valorizando e fortalecendo os sistemas de controle interno**.

Destarte, conclui-se que, atualmente, o órgão central do Sistema de Controle Interno, com ampliadas funções e uma grande estrutura - posto que subordinado diretamente à Presidência da República e com *status* de Ministério - exerce importantes ações no sentido de consolidar o controle interno da atividade estatal como mais uma ferramenta que promove cidadania, previne e controla a corrupção, estimulando também o controle social, o controle realizado pela sociedade.

No que se refere ao controle social, a CGU tem se mostrado bastante presente e atuante. Esse ponto será tratado adiante, ao analisar essa modalidade de controle, quando será feita nova menção à Controladoria.

Quanto à implantação e fortalecimento do controle interno, além da CGU, pode-se destacar ainda o "Conselho Nacional de Controle Interno (CONACI)", associação de direito privado, sem fins lucrativos, criado em 2007, "com vistas ao desenvolvimento de uma atuação mais eficaz no controle da gestão pública", conforme o art. 3º de seu estatuto:

> o CONACI tem por finalidade fomentar a integração e o desenvolvimento dos órgãos governamentais de controle interno com o objetivo de fortalecer e aprimorar o desempenho das funções do controle em prol da eficiência e

transparência da gestão pública brasileira, conforme competências institucionais estabelecidas estatutariamente. (CONSELHO..., 2013).

O CONACI é composto pelos Órgãos de Controle Interno dos Estados, do Distrito Federal e dos Municípios-Sede das capitais e da União e se propõe a criar e promover sistemas de controle para a melhoria da gestão pública.

Para isso, coordena programas e projetos de controle buscando aproximar a Administração e os cidadãos, beneficiando toda a coletividade, em defesa do interesse público e do Estado de Direito Democrático.

Recentemente, em 2016, a Controladoria-Geral da União (CGU) tornou-se o Ministério da Transparência, Fiscalização e Controle, por meio da Medida Provisória 726 (BRASIL, 2016a), editada pelo então Presidente da República, Michel Temer e, posteriormente, convertida na Lei Nº 13.341, de 29 de setembro de 2016 (BRASIL, 2016). Importa registrar, ainda, que a Medida Provisória nº 782/2017 (BRASIL, 2017a), convertida na Lei Nº 13.502, de 1º de novembro de 2017 (BRASIL, 2017), alterou a nomenclatura para Ministério da Transparência e Controladoria-Geral da União.

A mudança da nomenclatura do órgão, no entanto, não alterou suas funções e centralidade dentro do sistema de Controle Interno, sendo mantidas as atividades referentes ao Controle Interno e Correição, à defesa do patrimônio público e ao fomento da transparência da gestão, especialmente por meio das ações de auditorias públicas, prevenção e combate à corrupção e ouvidoria.

Tecidas estas considerações acerca do controle interno, especialmente quanto a seu órgão principal no Brasil, passa-se ao exame do controle externo.

3.2 Controle externo da Administração Pública

Conforme citado anteriormente, a Constituição Federal dispõe sobre a fiscalização que deve ser exercida pelo Congresso Nacional, qual seja a fiscalização contábil, financeira, orçamentária, operacional e patrimonial da União, bem como das entidades da administração direta e indireta, mediante controle externo, e pelo sistema de controle interno de cada Poder.

O Controle externo é o controle exercido por um órgão separado da estrutura do órgão que está sendo (ou será) controlado, como bem sintetizou Celso Antônio Bandeira de Mello, "é o efetuado por órgãos alheios à Administração [...] compreende (I) o controle parlamentar direto, (II) o controle exercido pelo Tribunal de Contas (órgão auxiliar do Legislativo nesta matéria) e (III) o controle jurisdicional." (MELLO, 2010, p. 937 e 940).

Em sentido amplo é que se pode dizer que o Poder Judiciário, quando provocado pelo interessado, realiza controle externo sobre os outros Poderes.

Em sentido estrito, o controle externo é o controle exercido pelo Poder Legislativo e pelo Tribunal de Contas sobre a Administração direta e indireta dos outros Poderes, dividindo-se em: controle parlamentar e financeiro.

O controle parlamentar é o exercido pelo Congresso Nacional diretamente, conforme disposição constitucional prevista na norma do art. 49, inciso X, *in verbis*:

> Art. 49. É da competência exclusiva do Congresso Nacional:
>
> [...]
>
> X - fiscalizar e controlar, diretamente, ou por qualquer de suas Casas, os atos do Poder Executivo, incluídos os da administração indireta; (BRASIL, 1988)

O controle parlamentar, ou controle político como o denominam Edimur Ferreira de Faria (2004), Maria Sylvia Zanella di Pietro (2010) e José dos Santos Carvalho Filho (2013), envolve diversas atividades descritas também na norma constitucional citada anteriormente, dentre elas:

a) sustar atos e contratos do Executivo;

b) convocar Ministros; requerer informações;

c) receber petições, queixas e representações dos administrados;

d) convocar autoridades ou cidadãos para depor;

e) constituir Comissões Parlamentares de Inquérito (CPI);

f) dar autorização ou aprovação necessárias para alguns atos e decisões do Executivo;

g) julgar as contas do Executivo;

h) suspender ou destituir o Presidente ou Ministros;

i) fiscalizar atos da administração direta e indireta.

Em relação ao controle parlamentar, nas palavras de Dromi, citado por Medauar, tem-se que: "o controle parlamentar perdeu sua transcendência como consequência da crise geral da instituição parlamentar, em geral inerme ante o avassalador impulso da Administração contemporânea." (MEDAUAR, 2012, p. 97).

No Brasil, essa citada "crise geral da instituição parlamentar" está fortemente ligada aos constantes escândalos envolvendo corrupção, como os casos que ficaram conhecidos na mídia pelos nomes de: Operação Satiagraha -Naji Nahas, Daniel Dantas, Celso Pitta; Escândalo do BNDES - Paulinho da Força Sindical; CPI dos Bingos (ou Caso Waldomiro Diniz); Máfia das CNHs - DETRAN de SP; Banco BMG; Mensalão e Mensalão Tucano; Irregularidades no Bolsa Família, estes apenas nos primeiros anos do século XXI, dentre tantos outros que integram o "banco de dados" do Centro de Estudos e Pesquisas sobre Corrupção (CEPC) (CENTRO..., 2013), como objeto de análise.

Não podendo deixar de citar aqui a maior investigação sobre corrupção já conduzida no país até hoje: a "Operação Lava Jato", iniciada no ano de 2014, ainda em andamento, sem previsão quanto à sua duração e cujos desdobramentos revelaram a existência de um amplo esquema de corrupção na Petrobras (Petróleo Brasileiro S.A.), envolvendo parlamentares de diversos partidos e algumas das maiores empresas do país.

Mas, independentemente de suas peculiaridades, como o controle parlamentar, ou político, não é o foco deste estudo, suas dificuldades e desafios não serão analisados detalhadamente.

Por último, ainda no tocante ao controle legislativo, é relevante mencionar ainda que quanto à fiscalização contábil, financeira, orçamentária, operacional e patrimonial da União e das entidades da administração direta e indireta, a CR/88 prevê que esta será realizada pelo Congresso Nacional com auxílio do Tribunal de Contas da União.

E algumas considerações sobre o controle da Administração Pública realizado no âmbito deste órgão serão feitas, tendo em vista seu relevante papel como auxiliar do Congresso Nacional na realização do controle externo.

3.2.1 Tribunal de Contas da União - TCU

A Constituição Federal de 1988 consagrou o Tribunal de Contas em seu art. 71 e seguintes, dispondo sobre sua competência e, ainda, que "qualquer pessoa física ou jurídica, pública ou privada, que utilize, arrecade, guarde, gerencie ou administre dinheiros, bens e valores públicos ou pelos quais a União responda, ou que, em nome desta, assuma obrigações de natureza pecuniária" tem o dever de prestar contas ao TCU. (BRASIL, 1988).

E assim também aqueles que, conforme a norma do art. 71, I: "derem causa a perda, extravio ou outra irregularidade de que resulte prejuízo ao erário público; (sic)". (BRASIL, 1988).

Conforme os ensinamentos de Jorge Ulisses Jacoby Fernandes (2008), o Tribunal de Contas da União ocupa posição institucional e natureza específicas, sendo instituição estatal independente, não se tratando de mero "apêndice" auxiliar do Poder Legislativo, tampouco hierarquicamente subalterno, não se submetendo a qualquer dos poderes.

Por tudo isso, é considerado um órgão *sui generis*, possuindo lei orgânica própria (Lei Nº 8.443, de 16 de Julho de 1992) (BRASIL, 1992a), bem como Regimento Interno (aprovado pela Resolução nº 155, de 4 de dezembro de 2002 (BRASIL, 2002b, Seção 1, p.125.), dotado de estrutura técnica, organizado e com autonomia administrativa.

Trata-se de um tribunal especial que exerce função de fiscalização com base na legalidade dos atos e com capacidade de julgar questões no âmbito de sua competência privativa, submetendo os atos a exame de economicidade, além de legitimidade.

Conforme a redação do art. 71, II, CR/88, o Tribunal de Contas "julga as contas dos administradores e demais responsáveis por dinheiros, bens e valores públicos da administração direta e indireta", contudo a expressão "julgar", no caso deste órgão, não tem o mesmo sentido do julgamento realizado pelo poder judiciário, mas significa um exame eminentemente técnico (financeiro, contábil, de engenharia, etc.), como cita Carvalho Filho:

> [...] O termo *julgar* no texto constitucional não tem o sentido normalmente atribuído aos juízes no exercício de sua função jurisdicional. O sentido do termo é o de *apreciar, examinar, analisar* as contas, porque a função exercida pelo Tribunal de Contas na hipótese é de caráter eminentemente administrativo. (CARVALHO FILHO, 2013, p. 1007).

E como já esclarecia José Cretella Júnior:

> os pronunciamentos dos Tribunais de Contas não são *sentenças*. Jamais a decisão do Tribunal de Contas teve a força de *res judicata*, no Brasil.
>
> As decisões do Tribunal de Contas não são decisões judiciárias, porque ele não julga. Não profere julgamento nem de natureza cível, nem de natureza penal. As decisões proferidas dizem respeito à regularidade intrínseca da conta e não sobre a responsabilidade do exator ou pagador ou sobre a imputação dessa responsabilidade.
>
> O Tribunal de Contas resolve apenas sobre a existência material do delito, fornecendo subsídios ao Judiciário, que julgará o responsável. (CRETELLA JÚNIOR, 2005, p. 60).

Assim, a Corte examinará a legalidade, legitimidade e economicidade expressas pelos elementos e valores contidos na prestação ou tomada de contas públicas.

Contudo, em razão da adoção do sistema de jurisdição baseado na norma do art. 5º, XXXV, CR/88 que dispõe que "a lei não excluirá da apreciação do Poder Judiciário lesão ou ameaça a direito" (BRASIL, 1988), é possível a revisão das decisões do TCU pelo Poder Judiciário.

As decisões produzidas pelos Tribunais têm natureza administrativa. E apenas as decisões condenatórias ensejam constituição de título executivo (conforme dispõe a norma do art. 71, § 3o., CR/88).

Tais decisões são remetidas ao Poder Judiciário: Advocacia Geral da União ou Ministério Público (a este último nos casos em que se constatem ilícitos configurando crimes), para que se promova a execução forçada.

Conforme seu Regimento Interno, o Tribunal é composto por 9 Ministros, pelo Ministério Público especializado junto ao TCU, por 26 Secretarias de Controle Externo (SECEX) nos Estados, e várias outras Secretarias em Brasília, destacando-se as SECEX especializadas em Brasília/DF, as Secretarias de Obras e Patrimônio da União (SECOBs) e a Secretaria de Recursos (SERUR). A figura 2 ilustra o atual organograma do TCU.

A fiscalização exercida pelo Tribunal de Contas da União se dá por meio de um processo administrativo e não resta dúvida de que é exigida a observação do devido processo legal, também na esfera administrativa.

O processo no Tribunal de Contas da União vai observar e atender também os princípios relativos ao processo administrativo federal, conforme a Lei 9.784/99 (BRASIL, 1999), como por exemplo: procedimento administrativo,

Figura 2 – Organograma do Tribunal de Contas da União

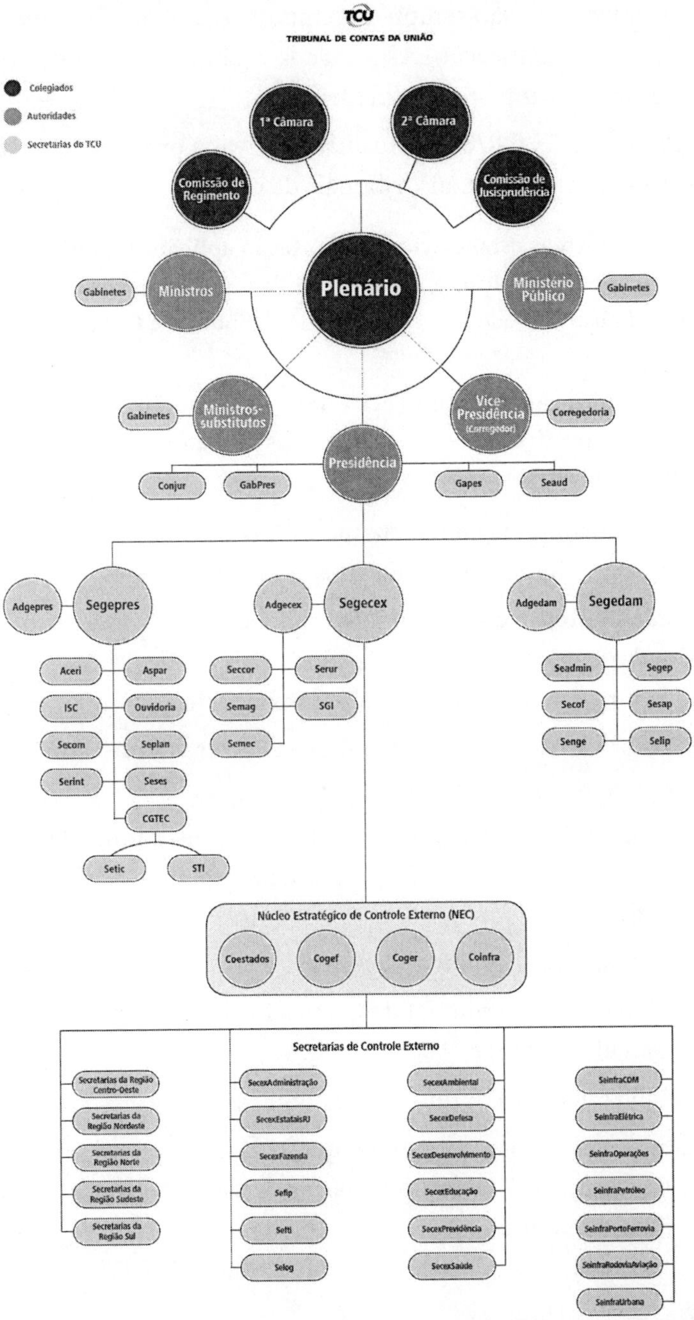

Fonte: BRASIL, 2018

em regra, escrito, não se sujeita a formalismo rígido na instrução (formalismo moderado), os prazos não são sempre peremptórios, são aceitas cópias reprográficas (xérox) sem autenticação, resguardada a garantia ao contraditório e à ampla defesa, busca contínua pela verdade real, etc.

Nos termos do art. 75 CR/88, as normas relativas à organização e fiscalização do TCU se aplicam aos demais tribunais de contas:

> Art. 75. **As normas estabelecidas nesta seção aplicam-se, no que couber, à organização, composição e fiscalização dos Tribunais de Contas dos Estados** e do Distrito Federal, bem como dos Tribunais e Conselhos de Contas dos Municípios.
>
> Parágrafo único. **As Constituições estaduais disporão sobre os Tribunais de Contas respectivos**, que serão integrados por sete Conselheiros. (BRASIL, 1988, destaque nosso).

Assim, em conformidade com o chamado "princípio da simetria", a União é utilizada como paradigma para os Estados-membros[6].

É de se notar, contudo, que em algumas situações os Tribunais de Contas têm agido além das competências que lhes foram atribuídas, em desconformidade ao modelo jurídico estabelecido pela Constituição.

José dos Santos Carvalho Filho (2013) cita algumas dessas situações, dentre elas:

a) impossibilidade de o Tribunal de Contas impor ao administrador a modificação de ato sob pena de multa (especialmente tratando-se de ato concessivo de aposentadoria);

b) impossibilidade de o Tribunal de Contas exercer poder regulamentar;

c) impossibilidade de o Tribunal de Contas invalidar atos administrativos negociais, contratuais ou não; e

d) impossibilidade de o Tribunal de Contas afrontar decisão judicial.

Nesse sentido, examinando algumas questões relativas às competências dos Tribunais de Contas, o STF proferiu várias decisões dentre as quais destacam-se as seguintes ementas:

---

6 Recente artigo de Léo Ferreira Leoncy (2012) propõe uma releitura do "princípio da simetria".

> Tribunal de contas. Norma local que obriga o Tribunal de contas estadual a examinar previamente a validade de contratos firmados pela administração. Regra da simetria. Inexistência de obrigação semelhante imposta ao TCU. Nos termos do art. 75 da Constituição, as normas relativas à organização e fiscalização do TCU se aplicam aos demais tribunais de contas. O art. 71 da Constituição não insere na competência do TCU a aptidão para examinar, previamente, a validade de contratos administrativos celebrados pelo Poder Público. Atividade que se insere no acervo de competência da função executiva. É inconstitucional norma local que estabeleça a competência do tribunal de contas para realizar exame prévio de validade de contratos firmados com o Poder Público. (BRASIL, 2009a, destaque nosso).
>
> Tribunal de contas. Fiscalização contábil, financeira e orçamentária. CF, arts. 70, 71, III, e 75. **Inclusão, na Constituição baiana, art. 80, das isenções fiscais, como objetivo da fiscalização por parte do Tribunal de Contas do Estado e bem assim a outorga ao Tribunal de Contas da competência para julgar recursos de decisão denegatória de pensão** (Constituição baiana, art. 95, I, *b*): **inconstitucionalidade**, dado que citados dispositivos são ofensivos à norma dos arts. 70 e 71, III, CF, aplicáveis aos tribunais de contas dos Estados, *ex vi* do disposto no art. 75, CF. (BRASIL, 2002b, destaque nosso).
>
> **Tribunal de Contas do Estado de Sergipe. Competência para executar suas próprias decisões: impossibilidade**. Norma permissiva contida na Carta estadual. **Inconstitucionalidade.** As decisões das Cortes de Contas que impõem condenação patrimonial aos responsáveis por irregularidades no uso de bens públicos têm eficácia de título executivo (CF, art. 71, § 3º). Não podem, contudo, ser executadas por iniciativa do próprio Tribunal de Contas, seja diretamente ou por meio do Ministério Público, que atua perante ele. Ausência de titularidade, legitimidade e interesse imediato e concreto. A ação de cobrança somente pode ser proposta pelo ente público beneficiário da condenação imposta pelo Tribunal de Contas, por intermédio de seus procuradores que atuam junto ao órgão jurisdicional competente. Norma inserida na Constituição do Estado de Sergipe, que permite ao Tribunal de Contas local executar suas próprias decisões (CE, art. 68, XI). Competência não contemplada no modelo federal. Declaração de inconstitucionalidade, *incidenter tantum*, por violação ao princípio da simetria (CF, art. 75). (BRASÍL, 2002c, destaque nosso).

No mesmo sentido: AI 765.470-AgR, rel. min. Rosa Weber, julgamento em 18-12-2012, Primeira Turma, *DJE* de 19-2-2013 (BRASIL, 2013e); RE

677.454-AgR, rel. min. Celso de Mello, julgamento em 28-8-2012, Segunda Turma, *DJE* de 19-9-2012 (BRASIL, 2012b); AI 826.676-AgR, Rel. Min. Gilmar Mendes, julgamento em 8-2-2011, Segunda Turma, *DJE* de 24-2-2011 (BRASIL, 2011a). Vide: RE 603.025, Rel. Min. Luiz Fux, decisão monocrática, julgamento em 29-3-2012, *DJE* de 10-4-2012 (BRASIL, 2012c).

É preciso frisar que, independente de colocar-se em dúvida a importância da função executada pelos tribunais de contas, as normas constitucionais que conformam suas competências e atividades são de observância compulsória, sendo vedado extrapolar os limites por elas estabelecidos.

Feitas estas considerações acerca do controle externo, passa-se ao exame do controle jurisdicional.

3.3 Controle jurisdicional

O controle jurisdicional, ou controle judicial, é o controle que tem origem no Poder Judiciário. Nas palavras de Hely Lopes Meirelles, "é o exercido privativamente pelos órgãos do Poder Judiciário sobre os atos administrativos do Executivo, do Legislativo e do próprio Judiciário quando realiza atividade administrativa." (MEIRELLES, 2004, p. 679).

Diogenes Gasparini o conceitua como:

> o **controle da legalidade** das atividades e atos administrativos do Executivo, do Legislativo e do Judiciário por órgão dotado do poder de solucionar, em caráter definitivo, os conflitos de direito que lhe são submetidos. (GASPARINI, 2012, p. 1059, destaque nosso).

É interessante que Diogenes Gasparini refira-se a "controle de legalidade", em sua definição, haja vista a impossibilidade de o Poder Judiciário apreciar o mérito administrativo, o critério de conveniência e oportunidade adotado na realização de um ato administrativo.

Por sua vez, Odete Medauar sintetiza uma definição bem completa ao dizer que:

> a expressão *controle jurisdicional da Administração* abrange a apreciação, efetuada pelo Poder Judiciário, sobre atos, processos e contratos administrativos, atividades ou operações materiais e mesmo a omissão ou inércia da Adminis-

> tração. [...] caracteriza-se como controle externo, de regra *a posteriori*, repressivo ou corretivo, podendo apresentar conotação preventiva. [...] Esse controle se realiza pelo ajuizamento de ações, que observam procedimentos formais, com garantias às partes, tais como juiz natural, imparcialidade, contraditório, ampla defesa, dentre outras. (MEDAUAR, 2010, p. 406)

A importância do controle judicial liga-se à característica de unidade, ou universalidade, de inafastabilidade da jurisdição.

Como a CR/88, por meio da norma contida no art. 5º, inciso XXXV, estabeleceu que: "a lei não excluirá da apreciação do Poder Judiciário lesão ou ameaça a direito;" (BRASIL, 1988), nenhuma matéria pode ser excluída do exame pelos tribunais, notadamente quanto à sua legalidade e constitucionalidade.

É importante reforçar que o limite dessa apreciação ampla do Judiciário, no que se refere à atividade da Administração Pública, seriam os 'atos discricionários' como bem explica Marçal Justen Filho: "[...] respeitados os limites do mérito das escolhas exercitadas no exercício de competência discricionária." (JUSTEN FILHO, 2012, p. 1143).

Em razão disso, cabe aqui observar que o controle judicial que deve incidir sobre a atuação de órgãos como os Tribunais de Contas, por exemplo, não raro acaba sem efeito visto encontrar nessa limitação um obstáculo ao exame aprofundado de questões técnicas, ficando restrito à legalidade dos atos praticados.

Ainda quanto ao controle jurisdicional, ressalta-se que, além da inafastabilidade da jurisdição, também a imparcialidade do Poder Judiciário, distante de interesses políticos, soma-se àquela característica para garantir que o princípio contido no art. 5º, XXXV, CR/88 seja "um dos pilares", nas palavras de Odete Medauar (2012, p. 202), ou "um dos fundamentos" nas palavras de Maria Sylvia (DI PIETRO, 2010, p. 747) sobre o qual se apoia o Estado de direito.

Para que o controle jurisdicional seja realizado não há necessidade de esgotamento, tampouco antecedência, das outras formas de controle.

E como consequências advindas do exercício do controle jurisdicional podem ser citadas: suspensão ou anulação de atos ou contratos; obrigações de fazer, deixar de fazer, pagar e até mesmo de indenizar ou ressarcir.

Celso Antônio Bandeira de Mello apresenta o controle jurisdicional como o mais importante dentre todos por ser realizado a pedido dos interessados por meio do Poder Judiciário. (MELLO, 2010, p. 936).

No mesmo sentido, Odete Medauar afirma que este "continua a ser o mais importante instrumento de controle da Administração, **apesar da busca de outros meios que possam suprir falhas ou dificuldades** [...]." (MEDAUAR, 2010, p. 406, destaque nosso).

E é sobre outros meios de controle que se passa a tratar nos passos seguintes, nos próximos capítulos, os que Odete Medauar denominou "novos controles da Administração Pública." (MEDAUAR, 2012, p. 175-184).

4
NOVOS CONTROLES DA ADMINISTRAÇÃO PÚBLICA: CONTROLE SOCIAL E DAS POLÍTICAS PÚBLICAS

O termo 'novos controles' foi mencionado por Odete Medauar na 2ª edição de sua obra "Controle da Administração Pública", referindo-se ao controle social e ao controle das políticas públicas (2012).

Os referidos controles são chamados 'novos' por não se inserirem na classificação do controle institucional, 'oficial', dos chamados 'controles clássicos' ou 'tradicionais' - quais sejam os controles interno, externo e jurisdicional - e também por terem despontado a partir do início do século XXI.

Tal é a novidade que, via de regra, nos manuais de Direito Administrativo esses 'novos controles' ainda não ganharam muito espaço, a não ser por meio de breves menções, de forma genérica.

Não obstante, há algum tempo, e cada vez com maior frequência, os novos controles vêm sendo objeto de estudo cujos resultados podem ser verificados em publicações em periódicos e livros destinados exclusivamente ao tema.

Nesse estudo vai-se examinar os novos controles, seu conteúdo e extensão, buscando verificar sua (in)efetividade e o que a Administração Pública poderá, ou deverá, alterar em seus padrões tradicionais de atuação para assumir novas posturas em face de tais inovações, sempre tendo em vista o princípio primordial do Estado de Direito Democrático: a participação da sociedade.

4.1 Controle Social

O controle social é mencionado também por Carvalho Filho (2013, p. 950) como sendo o controle realizado por segmentos oriundos da sociedade sobre

Administração Pública, um "controle exógeno do Poder Público nascido das diversas demandas dos grupos sociais."

A então Controladoria-Geral da União, em cartilha emitida em 2008, o apresenta como "a participação do cidadão na gestão pública, na fiscalização, no monitoramento e no controle das ações da Administração Pública." (BRASIL, 2010, p. 16).

O controle social, como o nome diz, é realizado pela sociedade, por um particular, de forma individual ou mesmo coletiva. Neste último caso, por meio de entidades constituídas juridicamente, de caráter público ou privado.

Essa participação é muito importante porque contribui diretamente para a aplicação adequada dos recursos públicos, resultando em eficiência da Administração Pública.

Mas para que a sociedade possa realizar esse controle, para que possa participar na gestão pública realmente, é necessário que receba informações e orientações sobre como desempenhar essa fiscalização.

Ocorre que, para permitir o desempenho eficaz do controle social, já existem estruturas próprias que podem ser divididos em: *mecanismos* e *formas*, segundo Paulo Henrique Ramos Medeiros e José Matias Pereira (2003).

Quanto aos mecanismos, a legislação constitucional e infraconstitucional já prevê alguns instrumentos formais que fomentam o controle social, como será visto em alguns exemplos destacados no quadro a seguir:

Quadro 1 – Instrumentos formais de fomento ao controle social

Legislação:	Localização:	Conteúdo da Norma:
CR/88	art. 1º, Parágrafo único	A República Federativa do Brasil [...] constitui-se em **Estado Democrático de Direito.** [...] **Todo o poder emana do povo, que o exerce** por meio de representantes eleitos **ou diretamente**, nos termos desta Constituição.
CR/88	art. 5º, XIV e XXXIII	assegurado a todos o acesso a informação administrativa;

CR/88	art. 5º, XXXIV	direito de petição e de obtenção de certidões em repartições públicas;
CR/88	art. 10	assegura a participação dos trabalhadores e empregadores nos colegiados dos órgãos públicos em que seus interesses profissionais ou previdenciários sejam objeto de discussão e deliberação;
CR/88	art. 14, I, II, III	A soberania popular será exercida pelo sufrágio universal e pelo voto direto e secreto, com valor igual para todos, e, nos termos da lei, mediante: I - plebiscito; II - referendo; III - iniciativa popular.
CR/88	art. 29, XII	cooperação das associações representativas no planejamento municipal;
CR/88	art. 31, § 3º	as contas municipais devem ficar à disposição de qualquer contribuinte, para exame e apreciação pelo prazo de 60 dias, anualmente, podendo ter sua legitimidade questionada, nos termos da lei;
CR/88	art. 37, § 3º	o usuário poderá ter participação na administração pública direta e indireta, de acordo com a lei, especialmente quanto: às reclamações referentes à prestação do serviço público, acesso a informações e a disciplina da representação contra exercício negligente ou abusivo de cargo, emprego ou função na Administração Pública;

CR/88	art. 58, § 2º, II	O Congresso Nacional e suas Casas terão comissões permanentes e temporárias, constituídas na forma e com as atribuições previstas no respectivo regimento ou no ato de que resultar sua criação. [...] às comissões, em razão da matéria de sua competência, cabe: [...] **realizar audiências públicas** com entidades da sociedade civil;
CR/88	art. 74, § 2º	legitimidade para qualquer cidadão, partido político, associação ou sindicato denunciar irregularidades ou ilegalidades perante Tribunal de Contas da União;
CR/88	art. 187	dispõe que a execução e o planejamento da política agrícola serão realizados na forma da lei, com a participação efetiva do setor de produção, envolvendo produtores e trabalhadores rurais, bem como dos setores de comercialização, de armazenamento e de transportes;
CR/88	art. 194, Parágrafo único, VII	a seguridade social será organizada com base em um caráter democrático e descentralizado da Administração, mediante gestão quadripartite, com participação dos trabalhadores, dos empregadores, dos aposentados e do Governo nos órgãos colegiados.
CR/88	art. 225	o dever de defender e preservar o meio ambiente se impõe ao Poder Público e à coletividade;

Lei 8.666/1993 Licitações e contratos	art. 16	impõe que seja dada publicidade, mensalmente, em órgão de divulgação oficial ou em quadro de avisos de amplo acesso público, à relação de todas as compras feitas pela Administração Direta ou Indireta, de maneira a clarificar a identificação do bem comprado, seu preço unitário, a quantidade adquirida, o nome do vendedor e o valor total da operação, podendo ser aglutinadas por itens as compras feitas com dispensa e inexigibilidade de licitação.
Lei 8.666/1993 Licitações e contratos	art. 39	é obrigatório que os procedimentos licitatórios de grande vulto financeiro sejam precedidos de **audiência pública aberta a todos os interessados**, os quais terão direito de acesso às informações pertinentes e de manifestação;
Lei 8.666/1993 Licitações e contratos	art. 41, § 1º	estabelece que qualquer cidadão é parte legítima para impugnar edital de licitação por irregularidade na aplicação desta Lei e regulamenta a forma pela qual a impugnação pode ser feita;
Lei 8.666/1993 Licitações e contratos	art. 113, § 1º	dispõe que qualquer licitante, contratado ou pessoa física ou jurídica pode representar ao Tribunal de Contas ou a órgãos do sistema de controle interno contra irregularidades na aplicação da Lei;

Lei 8.625/1993 Lei orgânica nacional do MP	art. 27, Parágrafo único, IV	Cabe ao Ministério Público exercer a defesa dos direitos assegurados nas Constituições Federal e Estadual, sempre que se cuidar de garantir-lhe o respeito: [...] No exercício das atribuições a que se refere este artigo, cabe ao Ministério Público, entre outras providências: [...] **promover audiências públicas** e emitir relatórios, anual ou especiais, e recomendações dirigidas aos órgãos e entidades mencionadas no *caput* deste artigo, requisitando ao destinatário sua divulgação adequada e imediata, assim como resposta por escrito.
Lei 8.987/1995 Concessão e permissão de serviços públicos	art. 3º	as concessões e permissões sujeitar-se-ão à fiscalização pelo poder concedente responsável pela delegação, com a **cooperação dos usuários**.
Lei 8.987/1995 Concessão e permissão de serviços públicos	art. 5º	o poder concedente publicará, previamente ao edital de licitação, ato justificando a conveniência da outorga de concessão ou permissão, caracterizando seu objeto, área e prazo.
Lei 8.987/1995a Concessão e permissão de serviços públicos	art. 30, Parágrafo único	a fiscalização do serviço será feita por intermédio de órgão técnico do poder concedente ou por entidade com ele conveniada, e, periodicamente, conforme previsto em norma regulamentar, por **comissão composta** de representantes do poder concedente, da concessionária e **dos usuários**.

Lei 9.074/1995b Outorga e prorrogações das concessões e permissões de serviços públicos	art. 33	estabelece que em cada modalidade de serviço público o regulamento determine a forma de participação dos usuários na fiscalização e torne disponível ao público, periodicamente, relatório sobre os serviços prestados;
Lei 9.784/1999 Processo administrativo federal	art. 31	inclui o cidadão no processo decisório administrativo ao prever a possibilidade de **consulta pública** como instrumento prévio à tomada de decisões administrativas;
Lei 9.784/1999 Processo administrativo federal	art. 32	inclui o cidadão no processo decisório administrativo ao prever a possibilidade de **audiência pública** como instrumento prévio à tomada de decisões administrativas;
Lei 9.784/1999 Processo administrativo federal	art. 33	os órgãos e entidades administrativas, em matéria relevante, poderão estabelecer outros meios de participação de administrados, diretamente ou por meio de organizações e associações legalmente reconhecidas;
Lei 9.868/1999 ADIN e ADC	art. 9º, §1º	Da Admissibilidade e do Procedimento da Ação Direta de Inconstitucionalidade [...] Em caso de necessidade de esclarecimento de matéria ou circunstância de fato ou de notória insuficiência das informações existentes nos autos, poderá o relator requisitar informações adicionais, designar perito ou comissão de peritos para que emita parecer sobre a questão, ou fixar data para, **em audiência pública, ouvir depoimentos** de pessoas com experiência e autoridade na matéria.

Lei Complementar 101/2000 Responsabilidade fiscal	art.49	as contas apresentadas pelo Chefe do Poder Executivo ficarão disponíveis, durante todo o exercício, no respectivo Poder Legislativo e no órgão técnico responsável pela sua elaboração, para consulta e apreciação pelos cidadãos e instituições da sociedade;
Lei Complementar 101/2000 Responsabilidade fiscal	art.48, Parágrafo único, II	A transparência será assegurada também mediante: [...] liberação ao pleno conhecimento e acompanhamento da sociedade, em tempo real, de informações pormenorizadas sobre a execução orçamentária e financeira, em meios eletrônicos de acesso público;
Lei 10.257/2001 Estatuto da cidade	art. 40, § 4º	No processo de elaboração do plano diretor e na fiscalização de sua implementação, os Poderes Legislativo e Executivo municipais garantirão: I – a promoção de **audiências públicas e debates com a participação da população e de associações representativas dos vários segmentos da comunidade**; II – a publicidade quanto aos documentos e informações produzidos; III – o acesso de qualquer interessado aos documentos e informações produzidos.

Lei 11.079/2004 Parcerias público-privadas	art. 10, VI	A contratação de parceria público-privada será precedida de licitação na modalidade de concorrência, estando a abertura do processo licitatório condicionada a: [...] submissão da minuta de edital e de contrato à **consulta pública**, mediante publicação na imprensa oficial, em jornais de grande circulação e por meio eletrônico, que deverá informar a justificativa para a contratação, a identificação do objeto, o prazo de duração do contrato, seu valor estimado, fixando-se prazo mínimo de 30 (trinta) dias para recebimento de sugestões, cujo termo dar-se-á pelo menos 7 (sete) dias antes da data prevista para a publicação do edital;
Lei 12.527/2011 Acesso a informação	art. 3º, V	o direito fundamental de acesso à informação deve ser executado com a diretriz explícita de desenvolvimento do controle social da administração pública.

Fonte: BRASIL, 1988.

Como se vê, a Constituição de 1988, ao inaugurar um Estado de Direito democrático, consagrou uma conjuntura que proporciona a participação dos cidadãos na elaboração das políticas públicas.

E a legislação posterior à promulgação da CR/88 acompanhou esse marco.

A participação da sociedade pode ocorrer não só na elaboração, mas também na execução das políticas públicas[1].

Um exemplo de participação na elaboração é o planejamento orçamentário.

1 Segundo Maria Paula Dallari Bucci (2006, p. 39), "política pública" é o programa de ação governamental que resulta de um processo ou conjunto de processos juridicamente regulados – processo eleitoral, processo de planejamento, processo de governo, processo orçamentário, processo legislativo, processo administrativo, processo judicial – visando coordenar os meios à disposição do Estado e as atividades privadas, para a realização de objetivos socialmente relevantes e politicamente determinados.

De acordo com a CR/88, o Estado tem o dever de exercer a função do planejamento:

> Art. 174. Como agente normativo e regulador da atividade econômica, o Estado exercerá, na forma da lei, as funções de fiscalização, incentivo e planejamento, **sendo este determinante para o setor público e indicativo para o setor privado**. (BRASIL, 1988, destaque nosso).

A Constituição definiu três instrumentos que compõem o modelo orçamentário nacional, o Plano Plurianual (PPA), a Lei de Diretrizes Orçamentárias (LDO) e a Lei Orçamentária Anual (LOA):

> Art. 165. Leis de iniciativa do Poder Executivo estabelecerão:
>
> I - o plano plurianual;
>
> II - as diretrizes orçamentárias;
>
> III - os orçamentos anuais. (BRASIL, 1988).

Os projetos de lei desses instrumentos são elaborados pelo Poder Executivo e encaminhados ao Poder Legislativo, onde são discutidos, apreciados e votados. Após, retornam para o Executivo para sanção ou veto.

O controle social insere-se também aqui, pois a sociedade tem o direito e o dever de participar da elaboração dessas ferramentas de planejamento estatal, e não apenas de sua elaboração, mas também do processo de apreciação e votação nas casas legislativas.

A sociedade pode participar das reuniões, decisões e deliberações de elaboração e apreciação para que suas necessidades sejam contempladas (PPA), para eleger programas a serem executados no exercício seguinte e alocar recursos para execução de programas de trabalho do governo (LDO e LOA).

A importância do planejamento é tamanha que a Constituição veda claramente sua inobservância e, na norma do art. 167, XI, § 1º, classifica como crime de responsabilidade o seu descumprimento, *in verbis*:

> nenhum investimento cuja execução ultrapasse um exercício financeiro poderá ser iniciado sem prévia inclusão no plano plurianual, ou sem lei que autorize a inclusão, sob pena de crime de responsabilidade. (BRASIL, 1988).

Por isso a sociedade deve acompanhar, e de forma ativa, tudo o que se refere a essa função do Estado.

Mas após o planejamento, a elaboração, passa-se à execução das políticas públicas. Aqui também, e principalmente, a sociedade deve se organizar e se fazer presente por meio do controle social, como adiante se exemplifica.

4.1.1 Consulta pública e audiência pública

Como mencionado no quadro anterior, a **consulta pública** está prevista na lei que trata do processo administrativo federal (art. 31 e parágrafos da Lei nº 9.784/1999 (BRASIL, 1999a) e na lei que trata das parcerias público-privadas (art. 10, VI, da Lei nº 11.079/2004 (BRASIL, 2004).

Por sua vez, a **audiência pública**, também citada no quadro anterior, está prevista na lei que trata do processo administrativo federal (art. 31 a 33 da Lei nº 9.784/1999), na lei de licitações e contratos, (art. 39 da Lei nº 8.666/1993 (BRASIL, 1993a), no "Estatuto da Cidade" (art. 40, § 4º, I, da Lei nº 10.257/2001 (BRASIL, 2001b), na lei que trata da missão institucional do Ministério Público (art. 27, parágrafo único, IV, da Lei nº 8.625/1993 (BRASIL, 1993b) e também em lei que trata da função judiciária (art. 9º, §1º, da Lei nº 9.868/1999 (BRASIL, 1999b).

José dos Santos Carvalho Filho as diferencia da seguinte maneira:

> **pela consulta pública, a Administração procura obter a opinião** de pessoas e entidades sobre determinado assunto de relevância discutido no processo, formalizando-se as manifestações através de peças formais instrutórias. **Já a audiência pública**, (que, em última instância, é também forma de consulta) **se destina a obter manifestações orais e provocar debates em sessão pública** especificamente designada para o debate acerca de determinada matéria. **Ambas retratam, na verdade, instrumentos de participação das comunidades na tomada de decisões administrativas.** É correto, pois, afirmar que de sua realização emanam efeitos significativos: um deles é o de influenciar a vontade estatal; outro é o de reclamar que a Administração (ou o juiz) apresente argumentação convincente no caso de optar por caminho contrário ao que foi sugerido na consulta ou na sessão da audiência pública. (CARVALHO FILHO, 2013, p. 984, destaque nosso).

A consulta pública funciona permitindo o acesso a projetos, planos, programas, enfim, instrumentos de políticas públicas que a Administração pretende implantar, por prazo determinado, em local e horário previamente informado para que os interessados possam se **manifestar por escrito** a respeito do que está sendo proposto. Pode também ser realizada por meios eletrônicos.

Já a audiência pública, não deixa de ser uma espécie de consulta, mas não é realizada por escrito. É realizada como um espaço aberto pelas autoridades para que os interessados em tratar de assunto de interesse público relevante possam **se reunir para debater e/ou esclarecer oralmente** as opiniões sobre a matéria discutida, de modo que todos possam se manifestar.

Assim, a Administração, por meio da autoridade responsável pela decisão quanto à matéria examinada, se aproxima dos cidadãos e tem acesso a diversas formas de ver, pensar e avaliar o mesmo tema.

Tanto a consulta pública como a audiência pública são mecanismos de efetivação do controle social por que atendem à finalidade pública de controle da Administração.

Marçal Justen Filho, ao tratar do tema, o apresenta ligado às políticas públicas, dentro do capítulo que aborda a regulação econômico-social como um dos tipos de atividade administrativa, como "a exigência de consulta e audiência pública":

> [...] alterações regulatórias essenciais dependem de **procedimentos destinados a assegurar a participação dos setores da sociedade envolvidos, inclusive dos usuários de serviços públicos.** Essa imposição encontra-se na essência do sistema democrático.
>
> Por isso é que se afirma que 'uma política pública também deve ser expressão de um processo público, no sentido de **abertura à participação de todos os interessados diretos e indiretos, para a manifestação clara e transparente das posições em jogo**'.
>
> **Submeter a decisão regulatória a consultas e audiências públicas <u>não</u> se constitui em uma liberalidade do governante. Traduz uma determinação constitucional. O art. 1º, parágrafo único, da Constituição consagra a soberania popular e prevê a participação popular na adoção das decisões públicas.**
>
> E o art. 5º, incisos LIV e LV, reconhece a existência de direito fundamental à existência de um processo administrativo sempre que houver o **exercício de competência administrativa apta a afetar direitos e interesses individuais.**

> As garantias constitucionais devem ser interpretadas em termos amplos, compatíveis com a natureza democrática da ordem jurídica brasileira.
>
> Diogo de Figueiredo Moreira Neto assevera que 'é constitucionalmente inafastável a observância de um processo aberto e participativo para a tomada de decisão administrativa, sempre que, em razão dela, o administrado possa sofrer uma redução em seus *status libertatis* e em seus bens, dando-se dele **prévio conhecimento e garantia de livre acesso a todos os interessados, de modo a que ele se desenvolva com plena participação**, até mesmo, se necessário, com abertura do contraditório e da ampla defesa'. (JUSTEN FILHO, 2012, p. 646-647, destaque nosso).

É interessante notar que Marçal Justen Filho fala da importância de se assegurar a participação plena, com garantia de manifestação por todos os setores da sociedade envolvidos e/ou interessados, e esse entendimento não só é endossado, mas também arrematado por Odete Medauar quando esta afirma que:

> [...] A consulta pública [...] **só terá legitimidade se a Administração responder a todas as manifestações oriundas da sociedade civil e estiver aberta a aceitar críticas e propostas apresentadas**; do contrário, será apenas um simulacro ou forma de justificar decisão já tomada.
>
> [...]
>
> Por meio de audiência pública [...] Quanto à legitimidade, cabe observação idêntica à formulada para a consulta pública: será legítima a audiência pública verdadeira, **estando a autoridade presente aberta a aceitar as críticas e propostas oferecidas por membros da sociedade civil.** Se a audiência se realiza para ser invocada como fundamento de decisão já assentada e imutável, será um simulacro, sem legitimidade. (MEDAUAR, 2012, p. 178-179).

É importante frisar que não basta assegurar o direito de manifestação como uma exposição de opiniões, mas a participação plena deve envolver uma resposta a essa manifestação da sociedade, resposta esta que evidencie análise adequada das razões apresentadas, por meio de argumentos robustos e objetivos, em atendimento à concretização dos direitos sociais especificamente previstos na Constituição.

De outro modo, como disse Odete Medauar, o risco é realizar um simulacro transformando a participação em algo meramente simbólico, como bem explica Marcelo Neves em sua brilhante obra: "A constitucionalização simbólica", em que é apresentado o problema da criação de uma legislação que serve a finalidades preponderantemente político-ideológicas com distanciamento da realidade social, encobrindo seus problemas e impedindo transformações efetivas na sociedade. A exemplo, cite-se este trecho:

> na abordagem da legislação simbólica no Estado de bem-estar do Ocidente desenvolvido, tem-se procurado caracterizá-la como mecanismo possibilitador da "lealdade das massas" [...]. A manutenção desta não resultaria simplesmente dos efeitos reais da "legislação instrumental", mas dependeria também da **produção de diplomas legais destinados basicamente a promover a confiança dos cidadãos no Estado. Mediante a legislação simbólica, os órgãos estatais demonstrariam cenicamente seu interesse e disposição de solucionar problemas em princípio estruturalmente insolúveis.** A legislação-álibi constituiria, então, um típico mecanismo de promoção da "lealdade das massas" no Estado de bem-estar. (NEVES, 2007, p. 122-123, destaque nosso).

Uma vez abordados os mecanismos, passa-se a tratar das formas de exercício do controle social.

O controle social pode ser exercido diretamente pelos cidadãos, de forma individual, ou de forma coletiva por meio de:

a) Conselhos de políticas públicas ou conselhos gestores setoriais (locais, municipais, estaduais, regionais ou nacionais):
   - Conselho de Saúde;
   - Conselho de Educação;
   - Conselho de Assistência Social;
   - Conselho de Direitos da Criança e do Adolescente;
   - Conselho Tutelar;
   - Conselhos no âmbito de programas e fundos governamentais;

b) Associações:
   - Associação de moradores;
   - Associação de amigos de bairro;
   - Associação de profissionais;
   - Associação de pais e mestres, etc.;

c) Sindicatos;

d) ONGs;

e) Grêmio estudantil;

f) Controladorias;

g) Tribunais de Contas;

h) Outras entidades.

Os conselhos são "canais de participação que articulam representantes da população e membros do poder público estatal em práticas que dizem respeito à gestão de bens públicos." (GOHN apud GOMES, 2003, p. 38).

Esse formato funciona como um canal de participação nas três esferas de governo - municipal, estadual e federal - para acompanhamento desde o planejamento, passando pela execução e controle de políticas públicas.

Entre as atividades desempenhadas pelos conselhos pode-se mencionar: acompanhamento de repasse e de aplicação de verbas federais, participação na elaboração de metas para a matéria que representa (saúde, educação, assistência social, dentre outros), exame de gastos realizados com recursos destinados àquela área, e realização de reuniões frequentes.

Cada conselho terá atribuições específicas, de acordo com a área de atuação.

A composição será feita por representantes do governo (Poder Executivo), profissionais da área em questão e cidadãos envolvidos com aquela política pública, podendo ainda contar com representantes de sindicatos, associações e outros.

Os conselhos têm papel relevante na participação dos cidadãos e mesmo na Administração, pois já há programas de governo que vinculam a liberação de recursos à existência desses mecanismos de controle social, como os Conselhos de Saúde e Educação municipais e estaduais, para ajudarem no emprego adequado do dinheiro público.

Esses conselhos, exemplo que está sendo analisado neste estudo, precisam ser organizados e compostos por cidadãos comprometidos e que realmente representem a comunidade na qual estão inseridos, sob o risco de ineficiência, como bem pontua Maria da Glória Gohn:

> os conselhos são instrumentos de determinados processos políticos e constituem inovações institucionais na gestão de políticas sociais no Brasil. [...] Os conselhos, poderão ser tanto instrumentos valiosos para a constituição de uma gestão democrática e participativa, caracterizada por novos padrões de interação entre governo e sociedade em torno de políticas setoriais, como poderão ser também estruturas burocráticas formais e/ou simples elos de transmissão de políticas sociais elaboradas por cúpulas, meras estruturas para transferência de parcos recursos para a comunidade, tendo o ônus de administrá-los; ou ainda instrumentos de acomodação dos conflitos e de integração dos indivíduos em esquemas definidos previamente. Disso resulta que os conselhos são espaços com caráter duplo: implicam, de um lado, a ampliação do espaço público – atuando como agentes de mediação dos conflitos remando, portanto, contra as tendências das políticas neoliberais de suprimir os espaços de mediação dos conflitos; mas de outro lado, dependendo como são compostos, poderão eliminar os efeitos do *empowerment,* do sentido de pertencer dos indivíduos, e reafirmar antigas práticas herdeiras do fisiologismo. Como tal, carregam contradições e contrariedades. Tanto podem alavancar o processo de participação sociopolítica de grupos organizados, como estagnar o sentimento de pertencer de outros – se monopolizados por indivíduos que não representem, de fato, as comunidades que os indicaram/elegeram. Eles não substituem os movimentos de pressão organizada de massas, ainda necessários para que as próprias políticas públicas ganhem agilidade. (GOHN apud SANTIN; FINAMORE, 2007, p. 8).

Dessa forma, evidencia-se uma movimentação para incentivar a participação popular na Administração, com iniciativa no próprio Estado. Mas para que essa participação do cidadão seja efetiva há mais fatores envolvidos.

E o pressuposto principal para viabilizar essa participação e controle social encontra-se no acesso à informação.

4.1.2 Acesso à informação e a Lei 12.527/2011

O acesso à informação é o direito que todo cidadão tem de requerer dados, informações, produzidas e/ou mantidas pela Administração Pública. E o Estado deve garantir esse direito.

É relevante esclarecer que o acesso à informação abrange também acesso a dados contidos em outras formas que não sejam documentos formais, por exemplo, mídia digital, eletrônicos, vídeos, áudios, etc. O acesso da população envolve quaisquer informações que sejam necessárias, ou úteis, para produção e transmissão de conhecimento.

É preciso que se tenha clara a noção de que o Estado é o depositário, o guardião, da informação pública, mas esta pertence à sociedade. E se o Estado atua em nome da sociedade, os dados que produz pertencem a esta.

Já há algum tempo, tratados internacionais contribuíram para o reconhecimento do acesso à informação como direito humano fundamental, alicerçado na garantia de liberdade de expressão, apontando a necessidade de regulamentação específica para viabilizar o exercício desse direito na prática. Podendo-se citar:

A **Declaração dos Direitos do Homem e do Cidadão de 1789** já trazia previsão nesse sentido em seu artigo 15º: "A sociedade tem o direito de pedir contas a todo o agente público pela sua administração." (DECLARAÇÃO..., 1789).

A **Declaração Universal dos Direitos Humanos, da Organização das Nações Unidas de 1948** em seu art.19:

> todo ser humano tem direito à liberdade de opinião e de expressão; esse direito inclui a liberdade de ter opiniões sem sofrer interferência e de procurar, receber e divulgar informações e ideias por quaisquer meios, sem limite de fronteiras. (ORGANIZAÇÃO..., 1948).

O **Pacto Internacional dos Direitos Civis e Políticos, da Organização das Nações Unidas de 1966** em seu art. 19:

> toda e qualquer pessoa tem direito à liberdade de expressão; este direito compreende a liberdade de procurar, receber e expandir informações e idéias de toda a espécie, sem consideração de fronteiras, sob forma oral ou escrita, impressa ou artística, ou por qualquer outro meio à sua escolha. (ORGANIZAÇÃO..., 1966).

A **Convenção Americana sobre Direitos Humanos, da Organização dos Estados Americanos de 1969** no art. 13:

> toda pessoa tem direito à liberdade de pensamento e de expressão. Esse direito compreende a liberdade de buscar, receber e difundir informações e idéias

> de toda natureza, sem consideração de fronteiras, verbalmente ou por escrito, ou em forma impressa ou artística, ou por qualquer outro processo de sua escolha. (ORGANIZAÇÃO DOS ESTADOS AMERICANOS, 1969).

A **Declaração Interamericana de Princípios de Liberdade de Expressão, da Comissão Interamericana de Direitos Humanos de 2000** no princípio de nº 4:

> O acesso à informação em poder do Estado é um direito fundamental do indivíduo. Os Estados estão obrigados a garantir o exercício desse direito. Este princípio só admite limitações excepcionais que devem estar previamente estabelecidas em lei para o caso de existência de perigo real e iminente que ameace a segurança nacional em sociedades democráticas. (ORGANIZAÇÃO DOS ESTADOS AMERICANOS, 2000).

E a Carta dos direitos fundamentais da União Europeia em seus artigos 11 e 42:

> **Liberdade de expressão e de informação**
>
> 1. Todas as pessoas têm direito à liberdade de expressão. Este direito compreende a liberdade de opinião e a liberdade de receber e de transmitir informações ou ideias, sem que possa haver ingerência de quaisquer poderes públicos e sem consideração de fronteiras.
>
> 2. São respeitados a liberdade e o pluralismo dos meios de comunicação social.
>
> [...]
>
> **Direito de acesso aos documentos**
>
> Qualquer cidadão da União, bem como qualquer pessoa singular ou coletiva com residência ou sede social num Estado-Membro, tem direito de acesso aos documentos do Parlamento Europeu, do Conselho e da Comissão. (PARLAMENTO EUROPEU, 2000)

E ainda a **Convenção das Nações Unidas contra a Corrupção de 2003** em seus artigos 10 e 13:

> Informação pública
>
> Tendo em conta a necessidade de combater a corrupção, cada Estado-Parte, em conformidade com os princípios fundamentais de sua legislação interna, **adotará medidas que sejam necessárias para aumentar a transparência em sua administração pública**, inclusive no relativo a sua organização, funcio-

namento e processos de adoção de decisões, quando proceder. Essas medidas poderão incluir, entre outras coisas:

a) A instauração de procedimentos ou regulamentações que permitam ao público em geral obter, quando proceder, informação sobre a organização, o funcionamento e os processos de adoção de decisões de sua administração pública, com o devido respeito à proteção da intimidade e dos documentos pessoais, sobre as decisões e atos jurídicos que incumbam ao público;

b) A simplificação dos procedimentos administrativos, quando proceder, a fim de facilitar o acesso do público às autoridades encarregadas da adoção de decisões; e

c) A publicação de informação, o que poderá incluir informes periódicos sobre os riscos de corrupção na administração pública.

[...]

Participação da Sociedade

1. Cada Estado Parte **adotará medidas adequadas**, no limite de suas possibilidades e de conformidade com os princípios fundamentais de sua legislação interna, **para fomentar a participação ativa de pessoas e grupos que não pertençam ao setor público**, como a sociedade civil, as organizações não-governamentais e as organizações com base na comunidade, **na prevenção e na luta contra a corrupção**, e para sensibilizar a opinião pública a respeito à existência, às causas e à gravidade da corrupção, assim como a ameaça que esta representa. **Essa participação deveria esforçar-se com medidas como as seguintes**:

a) **Aumentar a transparência** e promover a contribuição da cidadania aos processos de adoção de decisões;

b) **Garantir o acesso eficaz do público à informação**;

c) Realizar atividade de informação pública para fomentar a intransigência à corrupção, assim como **programas de educação pública**, incluídos programas escolares e universitários;

d) **Respeitar, promover e proteger a liberdade de buscar, receber, publicar e difundir informação** relativa à corrupção. Essa liberdade poderá estar sujeita a certas restrições, que deverão estar expressamente qualificadas pela lei e ser necessárias para: i) Garantir o respeito dos direitos ou da reputação de terceiros; ii) Salvaguardar a segurança nacional, a ordem pública, ou a saúde ou a moral públicas.

> 2. Cada Estado Parte adotará medidas apropriadas para garantir que o público tenha conhecimento dos órgãos pertinentes de luta contra a corrupção mencionados na presente Convenção, e facilitará o acesso a tais órgãos, quando proceder, para a denúncia, inclusive anônima, de quaisquer incidentes que possam ser considerados constitutivos de um delito qualificado de acordo com a presente Convenção. (ORGANIZAÇÃO DAS NAÇÕES UNIDAS, 2003, destaque nosso).

No Brasil, a CR/88, em seu art. 5º, XXXIII, já consagrava o direito à informação ao dispor que "todos têm direito a receber dos órgãos públicos informações de seu interesse particular, ou de interesse coletivo ou geral [...]." (BRASIL, 1988).

E também o inciso LXXII do mesmo artigo trata de "assegurar o conhecimento de informações relativas à pessoa do impetrante, constantes de registros ou bancos de dados de entidades governamentais ou de caráter público." (BRASIL, 1988).

Além disso, o art. 37 da CR/88 declara que:

> a **administração pública direta e indireta de qualquer dos Poderes da União, dos Estados, do Distrito Federal e dos Municípios obedecerá aos princípios de** legalidade, impessoalidade, moralidade, **publicidade** e eficiência [...]. (BRASIL, 1988, destaque nosso).

Nas palavras de José dos Santos Carvalho Filho, o princípio da publicidade:

> indica que **os atos da Administração devem merecer a mais ampla divulgação possível entre os administrados**, e isso porque constitui fundamento do princípio **propiciar-lhes a possibilidade de controlar a legitimidade da conduta dos agentes administrativos.** Só com a **transparência** dessa conduta é que poderão os indivíduos aquilatar a legalidade ou não dos atos e o grau de eficiência de que se revestem. (CARVALHO FILHO, 2013, p. 25, destaque nosso).

A Constituição previu não só o princípio da publicidade, mas especificou o direito de acesso à informação, nesses termos:

> § 3º A lei disciplinará as formas de participação do usuário na administração pública direta e indireta, regulando especialmente:
>
> [...]

> II - o acesso dos usuários a registros administrativos e a informações sobre atos de governo, observado o disposto no art. 5º, X e XXXIII; (BRASIL, 1988).

Então, para regular esse acesso dos usuários, foi promulgada a Lei 12.527 de 18/11/2011, a chamada Lei de Acesso à Informação, sancionada pela Presidente da República à época, Dilma Rousseff, com destaque para alguns trechos do seu discurso nessa ocasião:

> [...] **Ao longo da história do Brasil, alguns marcos civilizatórios são muito importantes**, e eu me refiro, por exemplo, à criação das leis trabalhistas, em [19]43, e à promulgação da Constituição de [19]88, dando dois exemplos de momentos em que a democracia brasileira avançou, juntamente com o direito social.
>
> Acredito que, também, **a entrada em vigor da lei do acesso à informação** e da lei que constitui e cria a Comissão da Verdade **são momentos especiais, que ficarão para sempre marcados na história do Brasil**, e que colocam o nosso país num patamar superior, um patamar de subordinação do Estado aos direitos humanos.
>
> Com a vigência dessas duas leis, **o cidadão ganha mais poder perante o Estado, mais poder de controle e de fiscalização, o que reverterá em benefício para toda a sociedade e no fortalecimento da cidadania.**
>
> Vejam a diferença: o Brasil tinha uma lei de sigilo, que impedia que uma parte das informações do Estado se tornasse pública. A partir de hoje, o que era lei de sigilo se transforma em lei de direito ao acesso à informação, e **isso é uma transformação muito significativa para a construção do Estado de direito** no sentido mais amplo da palavra.
>
> **A informação pública torna-se aberta. Em todas as suas instâncias o poder público torna-se mais transparente**, e me refiro a todos os Poderes: ao Executivo, ao Legislativo, ao Judiciário, nos níveis federal, estadual e municipal.
>
> **A Lei de Acesso à Informação corresponde plenamente ao nosso compromisso com a transparência de todos os órgãos públicos.** Garante o acesso à história do país e **reforça o exercício cotidiano da fiscalização do Estado.**
>
> **Todos os brasileiros, sem exceção, poderão consultar documentos e informações produzidos pela Administração Pública.** [...] (BRASIL, 2011b, destaque nosso).

A lei define o que é informação, considerando-a um bem público e, portanto, devendo ter seu acesso oportunizado a toda população.

Claro está que haverá alguns casos em que a informação precisará ser tratada com sigilo, mas essas situações consistirão exceções e não mais a regra, pois a regra é o acesso e a transparência.

Para que esse acesso seja garantido, é importante também que os administradores, e servidores em geral, tenham cuidado ao produzir, manusear, organizar e arquivar tais dados, pois do conhecimento dessas informações depende o sucesso da atividade das entidades de controle como os conselhos, citados anteriormente.

Tanto que a Constituição estabeleceu em seu art. 216, § 2º, que a administração pública é responsável pela gestão dos documentos públicos e pelas providências para oportunizar acesso aos interessados: "Cabem à administração pública, na forma da lei, a gestão da documentação governamental e as providências para franquear sua consulta a quantos dela necessitem." (BRASIL, 1988).

Segundo Toby Mendel (2009), em sua obra Liberdade de informação: um estudo de direito comparado[2], um regime de direito a informação tem algumas características que ele decompôs em 9 princípios, quais sejam:

a) **divulgação máxima** - a legislação sobre liberdade de informação deve ser guiada pelo princípio da máxima divulgação;
b) **obrigação de publicar** - os órgãos públicos devem ter a obrigação de publicar informações essenciais;
c) **promoção de um governo aberto** - os órgãos públicos precisam promover ativamente a abertura do governo;
d) **abrangência limitada das exceções** - as exceções devem ser clara e estritamente definidas e sujeitas a rigorosos testes de "dano" e "interesse público";
e) **procedimentos que facilitem o acesso** - os pedidos de informação devem ser processados com rapidez e justiça, com a possibilidade de exame independente caso haja recusa;
f) **custos** - as pessoas não devem ser impedidas de fazer pedidos de informação em razão dos altos custos envolvidos;
g) **reuniões abertas** - as reuniões de órgãos públicos devem ser abertas ao público;

2 Título original: *Freedom of information: a comparative legal survey*

h) **a divulgação tem precedência** - as leis que não estejam de acordo com o princípio da máxima divulgação devem ser revisadas ou revogadas; e

i) **proteção para os denunciantes** - os indivíduos que trazem à público informações sobre atos ilícitos – os denunciantes – precisam ser protegidos.

É possível identificar vários desses princípios na lei brasileira de acesso à informação, mas implementar uma lei dessa magnitude é um processo que demanda vários esforços e traz muitos desafios.

É necessária a estruturação de todo um sistema, a criação de mecanismos internos pelos órgãos públicos para o processamento dos pedidos de acesso a informações, os chamados Serviços de Informações ao Cidadão (SIC), além de mudanças culturais – superar a cultura de sigilo – organizacionais e operacionais.

Tudo isso para que a lei tenha efetividade e para que ilustrações (FIG. 2) como a que segue não sejam mais baseadas na realidade do cidadão e da Administração:

Figura 3 – Nova lei de acesso à informação

Fonte: SPONHOLZ, 2013.

Em "Pesquisa Diagnóstico sobre Valores, Conhecimento e Cultura de Acesso à Informação Pública no Poder Executivo Federal Brasileiro" promovida pela CGU em parceria com a UNESCO, sob a coordenação do Professor Dr. Roberto da Matta, em Dezembro de 2011, logo após a promulgação da LAI, foram analisados: valores, cultura, experiência e percepção de servidores públicos federais em relação à temática de acesso a informação.

Como descrito na introdução do sumário-executivo da referida pesquisa:

> os resultados da pesquisa trazem contribuições em dois aspectos: primeiro, possibilitam identificar a presença de fatores culturais que favorecem a transição para uma cultura de livre acesso à informação, ou que, por outro lado, e em sentido contrário, ensejam a manutenção de uma cultura do segredo; em segundo lugar, os resultados da pesquisa permitem identificar outras condições, de natureza organizacional, operacional e tecnológica dos processos de tratamento da informação, tendentes a facilitar ou dificultar essa mudança. (DAMATTA, 2011, p. 3).

Essa pesquisa revelou que uma grande parte dos servidores públicos tinha receio de que a prestação de informações pudesse comprometer a capacidade dos órgãos de desempenhar bem as atribuições que lhes são próprias e principais.

Esse possível comprometimento foi relacionado a alguns aspectos negativos, especialmente: má utilização das informações obtidas, vantagens para grupos de interesse bem situados, uso político das informações e solicitações excessivas e descabidas, como demonstrado no gráfico 3 que é reproduzido a seguir:

Gráfico 3 – Avaliação dos servidores quanto aos aspectos negativos da política de acesso à informação

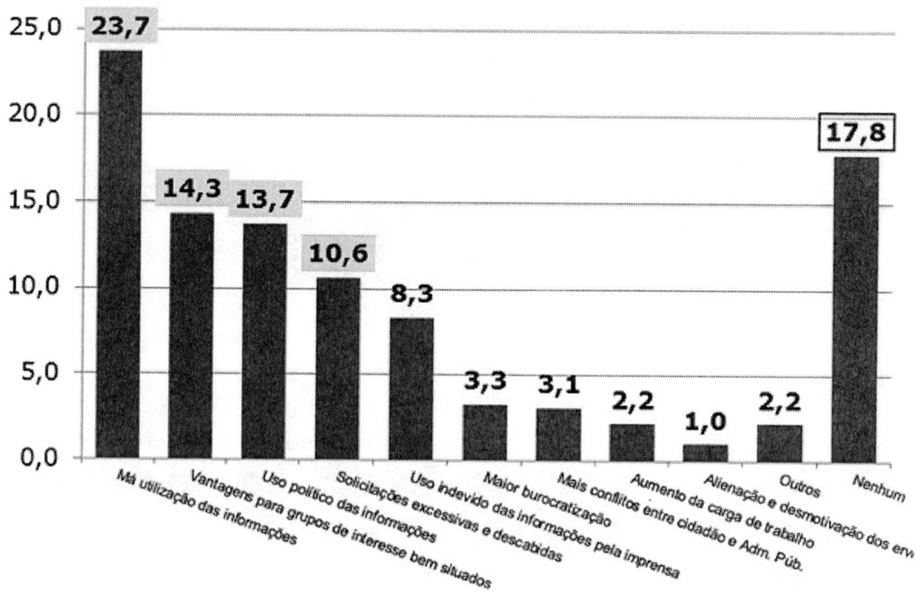

Fonte: DAMATTA, 2011, p. 9.

Por outro lado, os benefícios de uma política de acesso à informação apontados constam no gráfico 4 seguinte, com destaque para: transparência da Administração Pública, combate à corrupção, credibilidade e confiança na Administração Pública:

Gráfico 4 – Avaliação dos servidores quanto aos aspectos positivos da política de acesso à informação

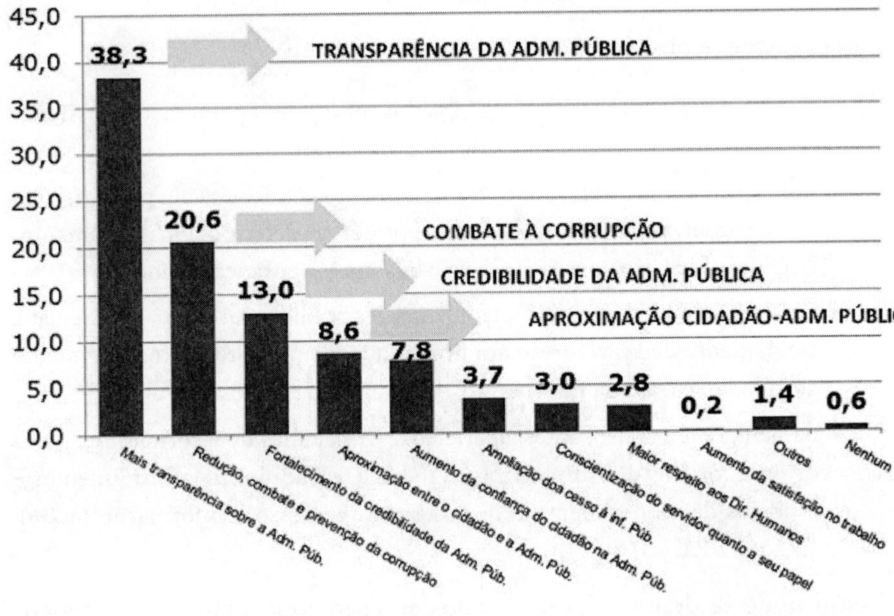

Fonte: DAMATTA, 2011, p. 10.

Destacam-se, ainda, mais alguns dos resultados apontados, entre eles, quanto à "Capacidade da Administração para implementação da Lei de Acesso à Informação", os principais problemas apontados pelos servidores públicos foram:

- falta de organização, planejamento e sistematização das informações de cada área;
- limitada capacidade de resposta em caso de aumento significativo da demanda por informações;
- baixa interoperalidade dos sistemas e bancos de dados das diferentes áreas e até mesmo dentro de um mesmo órgão;

- baixa confiabilidade das bases de dados existentes, motivando temores de que os erros dos sistemas venham a ser utilizados de forma inadequada e danosa para o Estado ou para o governo;
- carência de recursos humanos destinados ao atendimento das solicitações de dados e informações e também de sua disponibilização proativa em face de maiores exigências de clareza, detalhamento e interatividade;
- perigo de a nova legislação cair em descrédito por falta de condições necessárias e suficientes à sua efetividade. (DAMATTA, 2011, p. 16).

E as sugestões e observações a esse respeito foram:

- de acordo com os resultados, 17,7% dos servidores apontam a necessidade de transparência total na Administração Pública;
- outros 9,7% concordam com a transparência das informações públicas, mas fazem ressalvas para a necessidade de preservar determinados documentos (sigilosos, de Ciência e Tecnologia e ligados à segurança nacional);
- para 16,7% a transparência de informações públicas vai exigir, de imediato, treinamento de servidores para uma mudança na cultura do atendimento ao cidadão e trato da informação, e capacitação em Gestão Pública (2,1%);
- para 10,4% é preciso, antes, aperfeiçoar os sistemas de informatização nos diversos órgãos da Administração Pública, e padronizar procedimentos e modelos de requerimento e resposta para o acesso à informação (4,2%). (DAMATTA, 2011, p. 16).

Como pode-se depreender dos dados apresentados, existe uma preocupação com a transparência da Administração Pública. Mas transparência não é apenas divulgar a informação, mas, sobretudo explicá-la, quase como que "traduzi-la", de modo que seja compreensível para o cidadão comum. Assim, a população pode realmente exercer controle, pois passa a analisar algo que conhece, que entende.

É muito importante fazer essa diferenciação, porque especialmente em um país onde a educação formal apresenta muitas deficiências[3] e informações mais

3 Como demonstrado pelo recente "Relatório de Monitoramento Global de Educação para Todos" da UNESCO que aponta o Brasil como o 8° país com maior número de analfabetos adultos, num total de 150 países, e também como mostram pesquisas realizadas pelo Fórum Econômico Mundial (WEF – *World Economic Forum*) e pela *Economist Intelligence Unit* (EIU) nas quais o Brasil ficou mal classificado em relação a outros países, sendo incluído na

complexas quanto à gestão pública ainda são assunto de poucos "entendidos", é fácil simular um "pseudo-acesso" a informações.

Nas palavras de Fabrício Motta:

> Entende-se a publicidade como característica do que é público, conhecido, não mantido secreto. Transparência, ao seu turno, é atributo do que é transparente, límpido, cristalino, visível; é o que se deixa perpassar pela luz e ver nitidamente o que está por trás. **A transparência exige não somente informação disponível, mas também informação compreensível.** Os atos administrativos devem ser públicos e transparentes – públicos porque devem ser levados a conhecimento dos interessados por meio dos instrumentos legalmente previstos (citação, publicação, comunicação etc.); **transparentes porque devem permitir entender com clareza seu conteúdo e todos os elementos de sua composição, inclusive o motivo e a finalidade, para que seja possível efetivar seu controle.** (MOTTA apud SILVA; MIRANDA, 2013, destaque nosso)

E também nesse sentido, afirma Wallace Paiva Martins Júnior:

> a publicidade consiste *grosso modo* na divulgação oficial dos atos do poder público, ao passo que **a transparência é muito mais que isso, abarcando além dela os subprincípios da motivação e da participação popular.**
>
> [...] rompe-se com um perfil autoritário, isolado hermético, misterioso e opaco da administração pública. (MARTINS JÚNIOR apud SILVA; MIRANDA, 2013, destaque nosso).

Assim, pode-se compreender que a participação popular ativa e consciente depende da publicidade e da transparência da Administração Pública.

Para isso, tem-se que a garantia do acesso a informações públicas é importante para criar mecanismos de *accountability.*

O termo *accountability*, segundo Hélio Saul Mileski, refere-se a:

> [...] procedimento utilizado especialmente nos países anglo-saxônicos, não possuindo uma tradução para o português, podendo, numa tradução livre e genérica, ser entendida como **responsabilidade no trato dos bens e dinheiros públicos, transparência e prestação de contas.** (MILESKI, 2005, p. 35, destaque nosso).

---

lista dos piores sistemas de educação do mundo, num ranking baseado em testes efetuados em áreas como matemática, ciências e habilidades linguísticas. (UNESCO, 2014).

Nas palavras, ainda atuais, de Anna Maria Campos, quando em junho 1987 escreveu sobre o assunto:

> [...] accountability não é apenas uma questão de desenvolvimento organizacional ou de reforma administrativa. **A simples criação de mecanismos de controle burocrático não se tem mostrado suficiente para tornar efetiva a responsabilidade dos servidores públicos.**
>
> [...]
>
> Aqueles que tinham participado de programas de doutorado, nos EUA, confessaram que não sabiam como traduzi-la.
>
> Tentei fora da área de administração pública, pessoas competentes em inglês, muitos perguntavam: "Accountab ••• Quê?" Desisti da idéia de tradução e me concentrei no significado. **Ao longo dos anos fui entendendo que faltava aos brasileiros não precisamente a palavra, ausente na linguagem comum como nos dicionários. Na verdade, o que nos falta é o próprio conceito, razão pela qual não dispomos da palavra em nosso vocabulário.** (CAMPOS, 1990, p. 1-2, destaque nosso).

Como se vê, o conceito de publicidade está diretamente ligado à transparência, ao interesse público e, por conseguinte, à eficiência da atividade da Administração.

Ao final de seu trabalho, a referida autora "indica algumas possibilidades de se reduzir o hiato entre o desempenho do governo e as necessidades do cidadão" (CAMPOS, 1990, p. 17) e entre elas cita a necessidade de:

a) amadurecimento da sociedade;
b) reformas da Administração Pública;
c) aproximação da relação entre Estado e sociedade;
d) inclusão de eficácia, efetividade e justiça social e política como dimensões de desempenho;
e) expandir o número de controladores e a sua representatividade, reforçando a própria legitimidade do controle;
f) organização dos cidadãos brasileiros para exercer o controle político do governo;
g) descentralização e transparência da Administração Pública;
h) substituição da indiferença política pela mobilização política;

i) recuperação do conceito de *res publica*;

j) abertura do processo de tomada de decisões do governo e à transparência da Administração Pública;

k) criação de um novo padrão de relacionamento cooperativo entre a população e as autoridades locais.

É interessante notar que, desde que foram apontadas, tais possibilidades passaram por sucessivas transformações e estão em andamento, como é o caso da promoção da transparência da Administração Pública - especialmente por meio da criação de ouvidorias nos órgãos públicos e da regulamentação do acesso a informação por meio da Lei 12.527/2011 – o que permite a aproximação entre Estado e sociedade e o amadurecimento da mesma, no que se refere à consciência política e cidadã. Reformas da Administração Pública foram realizadas[4], estimulando o aumento do número de controladores e a sua representatividade.

Mas essa "redução do hiato entre o desempenho do governo e as necessidades do cidadão" é um processo em evolução, em que os servidores e os cidadãos, como atores principais, têm papel fundamental para a operacionalização e prestação das informações da Administração Pública, ao manter um diálogo contínuo, colaborando entre si para o sucesso da estruturação de todo o sistema, seja de forma presencial ou virtual, eletrônica.

Atualmente já existem vários canais eletrônicos de informações disponíveis à sociedade, com destaque para a atuação da Controladoria-Geral da União (CGU) que age com empenho para capacitar servidores e incrementar os mecanismos de publicidade e controle social:

a) Portal da Transparência - informações sobre gastos, receitas, transferências de recursos e outros: (BRASIL, 2013b);

b) e-SIC - Sistema Eletrônico do Serviço de Informações ao Cidadão - permite que qualquer pessoa, física ou jurídica, encaminhe pedidos de acesso a

4 Como a reforma da gestão pública iniciada em 1995 que culminou na Emenda Constitucional nº 19, de 04 de junho de 1998, que modificou o regime e dispôs sobre princípios e normas da Administração Pública, servidores e agentes políticos, controle de despesas e finanças públicas e custeio de atividades a cargo do Distrito Federal, além de outras providências. (BRASIL, 1998).

informação para órgãos e entidades do Poder Executivo Federal: (BRASIL, 2011c);

c) Compras Net - Portal de compras do governo federal: (BRASIL, 2013f);

d) Tesouro Nacional - órgão central do Sistema de Administração Financeira Federal e do Sistema de Contabilidade Federal, pertencente à estrutura do Ministério da Fazenda: (BRASIL, 2013g);

e) Governo eletrônico - portal oficial do Programa de Governo Eletrônico Brasileiro, oferece conteúdos que orientam a implementação de qualidade, integração entre os diversos órgãos e acesso democrático aos serviços eletrônicos governamentais. Pelo site é possível acompanhar as políticas governamentais, o que traz mais transparência para as ações do Estado: (BRASIL, 2013h);

f) Dados Abertos - sistema de informação que agrega e apresenta dados criados ou mantidos pela administração pública. Baseado na democratização do acesso à informação por meio da tecnologia e publicação online. O ambiente promove a interação entre cidadãos e governo para pensar a melhor utilização dos dados abertos em prol de uma sociedade melhor: (BRASIL, 2013i);

g) Contas Abertas – Associação, entidade da sociedade civil, sem fins lucrativos, que reúne pessoas físicas e jurídicas, lideranças sociais, empresários, estudantes, jornalistas, bem como quaisquer interessados em conhecer e contribuir para o aprimoramento do dispêndio público, notadamente quanto à qualidade, à prioridade e à legalidade: (VEJA, 2013b)

Vê-se, com toda essa estrutura eletrônica, uma disposição para a construção de uma "cultura de acesso". Nessa cultura há benefícios sociais, melhora da vida em sociedade, num sistema de cooperação e inter-relação que pode ser assim representado, na (FIG. 4):

Figura 4 – Diálogo para estruturação da efetividade da LAI

Fonte: ESCOLA VIRTUAL CGU, 2013, p. 12

O efetivo acesso à informação contribuirá para realização da "accountability", o combate à corrupção, aperfeiçoamento da gestão pública, a defesa e o respeito aos direitos e garantias fundamentais e seu exercício, enfim, contribuirá para o fortalecimento da democracia.

4.2 Controle das políticas públicas

O termo políticas públicas tem origem na Ciência Política e na Ciência da Administração Pública, a partir de estudos da escola americana, especialmente na década de 50.

Conforme cita Vanice Regina Lírio do Valle (2009, p.38), em 1951, Harold D. Lasswell publicou o artigo "*The policy orientation*" no qual propunha o desenvolvimento de ações e conhecimentos – de várias áreas - aplicáveis à solução de problemas públicos.

O campo de interesse das políticas públicas, segundo Maria Paula Dallari Bucci, é constituído pelas "relações entre a política e a ação do Poder Público" e são tratadas pela Ciência do Direito "no âmbito da Teoria do Estado, do direito constitucional, do direito administrativo ou do direito financeiro" (BUCCI, 2006, p.1), numa abertura do direito à interdisciplinariedade.

Isso porque, continua a mesma autora:

> [...] Na verdade, o fenômeno do direito, especialmente o direito público, é inteiramente permeado pelos valores e pela dinâmica da política.
>
> [...]
>
> O direito tem um papel na conformação das instituições que impulsionam, desenham e realizam as políticas públicas. As expressões da atuação governamental correspondem, em regra, a formas definidas e disciplinadas pelo direito.
>
> [...]
>
> A confluência entre a política e o direito, nesse aspecto, dá-se num campo em que é mais nítida a participação de cada uma das linguagens. À política compete vislumbrar o modelo, contemplar os interesses em questão, arbitrando conflitos, de acordo com a distribuição do poder, além de equacionar a questão do tempo, distribuindo as expectativas de resultados entre curto, médio e longo prazos.
>
> Ao direito cabe conferir expressão formal e vinculativa a esse propósito, transformando-o em leis, normas de execução, dispositivos fiscais, enfim, conformando o conjunto institucional por meio do qual opera a política e se realiza seu plano de ação. Até porque, nos termos do clássico princípio da legalidade, ao Estado só é facultado agir com base em habilitação legal. **A realização das políticas deve dar-se dentro dos parâmetros da legalidade e da constitucionalidade, o que implica que passem a ser reconhecidos pelo direito – e gerar efeitos jurídicos – os atos e também as omissões que constituem cada política pública.** (BUCCI, 2006, p.1; 37, destaque nosso).

Assim, Bucci inicialmente propôs o seguinte conceito para a expressão políticas públicas: "são programas de ação governamental visando coordenar os meios à disposição do Estado e as atividades privadas, para a realização de objetivos socialmente relevantes e politicamente determinados" (BUCCI apud BUCCI, 2006, p.38).

O referido conceito foi posteriormente reformulado pela própria autora, evoluindo para a seguinte definição:

> política pública é o programa de ação governamental que resulta de um processo ou conjunto de processos juridicamente regulados – processo eleitoral, processo de planejamento, processo de governo, processo orçamentário, processo legislativo, processo administrativo, processo judicial – visando coordenar os meios à disposição do Estado e as atividades privadas, para a realização de objetivos socialmente relevantes e politicamente determinados.
>
> Como tipo ideal, a política pública deve visar a realização de objetivos definidos, expressando a seleção de prioridades, a reserva de meios necessários à sua consecução e o intervalo de tempo em que se espera o atingimento dos resultados. (BUCCI, 2006, p. 39).

Nesse sentido considerou Diogo de Figueiredo Moreira Neto, ao tratar as políticas públicas como sendo "um complexo de processos juspolíticos destinado à efetivação dos direitos fundamentais [...]." (MOREIRA NETO, 2008, p. 124).

Vanice Regina Lírio do Valle propõe um conceito inicial simples, qual seja: "decisão formulada por atores governamentais, revestida de autoridade e sujeita a sanções." (VALLE, 2009, p.36) que é desenvolvido ao longo de sua obra sobre políticas públicas, direitos fundamentais e controle judicial.

Por sua vez, Maria Tereza Fonseca Dias, ao citar Thomas Dye, diz que: "O conceito de política pública possui dimensões valorativas e práticas que não se esgotam na definição de Thomas Dye, que afirma: 'Política pública é qualquer coisa que os governos escolham fazer ou não fazer.'" (DIAS, 2008, p. 268).

A autora chama atenção ainda para "a dificuldade de se confrontar **política pública** com *norma jurídica* e ainda o fato de as políticas públicas incorporarem leis, mas com elas não se confundirem." (DIAS, 2008, p. 269), questão tratada também por Helena Beatriz Cesarino Mendes Coelho, na obra Políticas públicas e controle de juridicidade, citada por Odete Medauar (2012, p. 181).

Mas a doutrina ainda apresenta outras definições para a expressão políticas públicas, de modo que fica clara a dificuldade em conceituar juridicamente o instituto.

Essa dificuldade estaria ligada à estrutura das políticas públicas que envolve elementos econômicos, administrativos, históricos, sociais e não apenas jurídicos.

Bucci explica que a política pública tem em sua formação: programa, ação--coordenação e processo.

O programa seria o delineamento geral da política pública, seu conteúdo propriamente dito, por exemplo, erradicação da pobreza ou erradicação do analfabetismo.

A ação-coordenação refere-se à efetividade, a atingir os objetivos propostos, obter resultados, com a atuação estatal em conjunto, daí a coordenação. O Estado, aqui, se materializa em um meio, um instrumento, que serve para alcançar um determinado fim e não um componente do resultado.

E, por fim, a política pública se desenvolve por meio de um processo, conforme a conotação jurídica do termo, inclusive oportunizando contraditório. É aqui que se insere a participação popular.

Esse processo, um dos elementos que constituem a política pública, tem fases ou etapas que apresentam algumas divergências entre os autores, mas de acordo com Vanice Regina Lírio do Valle (2009) podem ser referidas: identificação do problema; formação da agenda; formulação da política pública; escolha da política pública a ser implementada; implementação da política pública eleita e, por fim, análise e avaliação da política pública executada, verificando seus resultados.

O controle das políticas públicas precisa ser realizado para verificação, em especial, da eficiência da execução das tarefas da Administração Pública.

Nesse sentido, afirma Diogo de Figueiredo Moreira Neto:

> A *racionalização* das atividades de governo, no caso, mais particularmente, as que se desdobram em ações administrativas de execução de *políticas públicas*, deve atender à idéia desenvolvida no neoconstitucionalismo de que os direitos fundamentais pendem de realização pelo Estado, como cumprimento, que se lhe é constitucionalmente imposto, das obrigações a seu cargo.
>
> Se assim se tem, assentado este *dever constitucional*, pode-se dele retirar duas consequências: *primo*, que a formulação de *políticas públicas* necessita ser entendida, sob aspecto jurídico, como uma *garantia da* ***efetivação*** *dos direitos*

> *subjetivos dos administrados* através de *ação político-administrativa processualizada* do Estado e, *secundo*, que é *dever constitucional* do Estado **atingir *efetivamente* os resultados** que concorram para o atendimento de seus cometimentos públicos. (MOREIRA NETO, 2008, p. 130, destaque nosso).

Quanto ao controle das políticas públicas, Vanice Regina Lírio do Valle afirma que é de vital importância distingui-lo da tutela individual de direito fundamental, pois

> [...] o controle de políticas públicas [...] *exige*, *repudia* ou *reprograma* um quadro normativo de ação, para sua adequação em relação às hétero e auto-vinculações que lhe sejam aplicáveis, a partir da constituição e dos elementos formadores da própria política pública controlada. Já a tutela individual de direito tem compromisso exclusivamente com a garantia em favor daquele que invocou a prestação jurisdicional, e é desenhada a partir das particularidades do caso concreto. (VALLE, 2009, p. 145).

A falha nessa distinção impede a determinação de implementação da política pública adequada. Para a autora, no momento do controle, seria necessária uma investigação profunda acerca dos contornos da política pública em questão, em um diálogo com os responsáveis pela sua formulação e execução.

Assim, a Administração poderia esclarecer e justificar suas ações, dando a conhecer suas razões, "favorecendo sua consolidação constitucional." (VALLE, 2009, p. 148).

Mas, o que mais ocorre atualmente é o controle judicial das políticas públicas, que emerge de uma sociedade desigual e:

> [...] limita-se a determinar um agir em concreto, sem compromisso maior com as etapas de implementação, e os resultados daquele mesmo agir, e nesse sentido, não se traduz em mecanismo adequado de controle de políticas públicas. (VALLE, 2009, p. 154).

Nesse sentido, Diogo de Figueiredo Moreira Neto pontua:

> não obstante, não é pacífica a aceitação de que a *obrigação de atingir resultados qualificados pela legitimidade e pela eficiência*, tanto nos meios quanto nos fins, *que efetivamente executem as diretrizes constitucionais*, possa ser objeto de *controle judicial*. Tal questão é um desafio, talvez um dos maiores a serem arrostados pelo Direito Público neste século, que se apresenta à racionaliza-

ção da vida organizada graças às possibilidades abertas pelo neoconstitucionalismo [...]. (MOREIRA NETO, 2008, p. 129-130).

Enfim, é farta a produção bibliográfica no que se refere ao controle jurisdicional das políticas públicas. Por outro lado, o controle realizado por outros agentes recebe menor atenção.

Odete Medauar (2012) indica alguns possíveis mecanismos desse controle, quais sejam:

a) o controle interno – já analisado anteriormente;
b) o Poder Legislativo – conforme atribuição constitucional de "fiscalizar e controlar, diretamente, ou por qualquer de suas Casas, os atos do Poder Executivo, incluídos os da administração indireta" (art. 49, X, CR/88) e por meio de apreciação do PPA, da LDO e LOA; e
c) o Ministério Público – conforme atribuições constitucionais, especialmente de "defesa da ordem jurídica, do regime democrático e dos interesses sociais e individuais indisponíveis" e de "zelar pelo efetivo respeito dos Poderes Públicos e dos serviços de relevância pública aos direitos assegurados" (art. 127 e 129, II, CR/88).

4.2.1 Controle pelo Ministério Público

Quanto ao Ministério Público, aqui não se refere ao ajuizamento de ações, quando ocorre controle judicial, mas sim ao controle por meio de atividades extrajudiciais.

O controle pelo Ministério Público é apontado em diferentes hipóteses:

a) ausência de política pública, por exemplo no caso de garantir proteção e assistência às vítimas da violência no trânsito;
b) existência de política pública, porém inoperante, como a "Política Nacional para População em Situação de Rua"[5]; e

5 A "Política Nacional para a População em Situação de Rua" foi instituída pelo Decreto Nº 7.053/2009, mas enfrenta vários desafios quanto à sua implementação, especialmente pelo fato de a adesão dos estados e municípios ser voluntária e não estar vinculada ao repasse de recursos federais, demandando recursos dos orçamentos dos próprios entes que aderem a essa Política.

c) existência de política pública insuficiente, como as políticas públicas voltadas para a juventude[6].

Diante disso, o Ministério Público pode:

a) induzir ou direcionar a elaboração de políticas públicas, como a obrigatoriedade da inclusão de educação para o trânsito nos currículos escolares ou a construção de hospitais com especialização para tratamento e recuperação das vítimas dos acidentes no trânsito;
b) induzir sua implementação total ou parcial, por meio do estabelecimento de parcerias entre a iniciativa privada e o setor público para integrar as pessoas em situação de rua aos programas de governo já existentes e mesmo integrar as políticas públicas entre si - nas áreas de saúde, educação, trabalho, habitação, etc. - para que as pessoas em situação de rua, especialmente, tenham acesso às políticas que já existem; ou
c) induzir sua suplementação, em casos em que a política pública se mostrar deficiente, respectivamente, por meio da recomendação e do termo de ajustamento de conduta (TAC), por exemplo: promovendo maior apoio a programas voltados para o esporte, o lazer e à qualificação dos jovens, para que possam ser inseridos no mercado de trabalho e afastar-se da criminalidade.

O TAC está previsto no artigo 5º, § 6º da Lei 7.347/1985 que disciplina a ação civil pública:

> Art. 5o Têm legitimidade para propor a ação principal e a ação cautelar: (Redação dada pela Lei nº 11.448, de 2007).
>
> [...]
>
> § 6° Os órgãos públicos legitimados poderão tomar dos interessados **compromisso de ajustamento de sua conduta** às exigências legais, mediante cominações, que terá eficácia de título executivo extrajudicial. (Incluído pela Lei nº 8.078, de 11.9.1990). (BRASIL, 1985, destaque nosso).

---

6 Os "Dados Consolidados" do Departamento Penitenciário Nacional – DEPEN, estudo que apresenta os resultados de um diagnóstico do sistema penitenciário brasileiro, apontam que, em 2009, a população carcerária era formada por 32% de jovens entre 18 a 24 anos e 27% de jovens entre 25 a 29 anos, ou seja, 59% da população carcerária é formada de jovens, entre 18 e 29 anos, o que demonstra a insuficiência de políticas públicas que integrem esses jovens como indivíduos que acessam direitos, especialmente direitos sociais, em nossa realidade. (BRASIL, 2008b).

Como dispõe a norma, é firmado um acordo entre MP e a outra parte para que esta conforme sua conduta às exigências legais, quer por meio de ação ou de omissão (adequando a conduta que está causando lesão - ou ameaça - a direitos difusos ou coletivos ou, então, compensando danos e prejuízos já causados por sua conduta), conforme constar no TAC. O TAC pode também ter caráter preventivo e prever sanções.

O art. 5º, § 6º, da Lei 7.347/1985, apresenta como partes nesse instrumento "os órgãos públicos legitimados" e "os interessados". (BRASIL, 1985).

Os primeiros referem-se aos órgãos públicos legitimados à ação civil pública, quais sejam: o Ministério Público, a Defensoria Pública, a União, os Estados-membros, os Municípios, o Distrito Federal, as autarquias, empresas públicas, fundações públicas ou sociedades de economia mista, e associações constituídas há mais de um ano que incluam entre suas finalidades institucionais a proteção ao meio ambiente, ao consumidor, à ordem econômica, à livre concorrência ou ao patrimônio artístico, estético, histórico, turístico e paisagístico.

E como "interessados" figuram as pessoas físicas ou jurídicas de direito público ou privado responsáveis por um dano (ou ameaça) a direitos difuso ou coletivo.

Através do TAC, as ações dos interessados são direcionadas à implementação e defesa de direitos sociais, do consumidor, do meio ambiente, por exemplo, como nos casos em que o Ministério Público de Sergipe celebrou TAC com o Município de Nossa Senhora da Glória com o objetivo de dar cumprimento ao "Plano Municipal de Atendimento ao Idoso Abrigado" (FERREIRA, Herbert, 2013), e com o Município de São Cristóvão, a fim de assegurar o pagamento dos salários atrasados de todos os agentes públicos municipais daquele Município. (MELO, 2010).

Em relação ao direito do consumidor há vários exemplos, dentre eles destaca-se o recente caso em que a Agência Nacional de Telecomunicações (ANATEL) aprovou regulamento estipulando que a celebração de Termos de Ajustamento de Conduta implicarão no arquivamento dos processos relacionados à conduta irregular de empresas (GLOBO, 2013). Com isso, as empresas farão acordos se comprometendo a reparar danos aos usuários prejudicados.

A utilização do TAC traz vantagens como solução negociada e mais célere.

O MP pode, também, promover recomendações e audiências públicas, conforme dispõe a Lei 8.625/1993, Lei Orgânica Nacional do Ministério Público, em seu art. 27, parágrafo único:

> Art. 27. **Cabe ao Ministério Público exercer a defesa dos direitos assegurados nas Constituições Federal e Estadual**, sempre que se cuidar de garantir-lhe o respeito:
>
> [...]
>
> Parágrafo único. **No exercício das atribuições a que se refere este artigo, cabe ao Ministério Público, entre outras providências**:
>
> I - receber notícias de irregularidades, petições ou reclamações de qualquer natureza, promover as apurações cabíveis que lhes sejam próprias e dar-lhes as soluções adequadas;
>
> II - zelar pela celeridade e racionalização dos procedimentos administrativos;
>
> III - dar andamento, no prazo de trinta dias, às notícias de irregularidades, petições ou reclamações referidas no inciso I;
>
> IV - **promover audiências públicas e emitir relatórios**, anual ou especiais, **e recomendações** dirigidas aos órgãos e entidades mencionadas no *caput* deste artigo, requisitando ao destinatário sua divulgação adequada e imediata, assim como resposta por escrito. (BRASIL, 1993b, destaque nosso).

Sobre as audiências públicas já se fez referência em capítulo anterior, reforçando seu caráter democrático.

Aos mecanismos de controle das políticas públicas anteriormente mencionados, Odete Medauar acrescenta, ainda, a figura do *Ombudsman* como um órgão ou agente direcionado à incidência das políticas implementadoras dos direitos fundamentais e sociais.

4.2.2 Controle das Atividades da Administração Pública pelo Ombudsman

O vocábulo *Ombudsman* é proveniente do idioma sueco e, conforme definição extraída da obra de Odete Medauar "significa literalmente *homem encarregado de missão pública*, intermediário, representante." (MEDAUAR, 2012, p. 148).

O *Ombudsman* é uma forma de controle da Administração Pública que nasceu na Suécia, no século XVIII, em 1713 aproximadamente, quando o Rei Carlos XII (1682-1718) teve que se ausentar do país, por cerca de doze anos, em razão de operações militares e diplomáticas.

Nesse contexto, o Rei designava um homem de sua confiança como uma autoridade, para velar pela Administração como seu representante.

Segundo Gustavo Costa Nassif, o Rei: "Designou um funcionário que atuaria na capital do País, responsável pela defesa do Estado e proteção do erário." (NASSIF, 2012, p. 240).

E como registra Odete Medauar:

> [...] encarregado [...] de supervisionar a conduta dos coletores de impostos, dos juízes e outros funcionários. A Constituição sueca de 1809 instituiu o regime parlamentar e criou um *Riksdagens Justitieombudsman*, delegado do Parlamento, encarregado de controlar o respeito das leis e regulamentos pelos juízes e funcionários. (MEDAUAR, 2012, p. 149).

Ao longo do século XX o instituto se difundiu pelo mundo, iniciando pela Europa e se espalhando para Oceania e América do Norte, recebendo nomenclaturas diversas, tais como Provedor de Justiça e Defensor do Povo, entre outros.

A expansão implicou em especializações da função, como o *Ombudsman* do consumidor, e até mesmo organismos privados passaram a adotar a figura do *Ombudsman* para se relacionar com seus clientes, receber críticas, reclamações, sugestões, etc.

Primordialmente, o *Ombudsman* foi criado para tomar a defesa de direitos fundamentais, como ensina Odete Medauar:

> a principal função do *Ombudsman* situa-se na proteção dos direitos fundamentais. Assim sendo, ele supervisiona o modo pelo qual juízes, altos funcionários e todos os agentes públicos aplicam a lei; ele representa contra aqueles que agem de modo ilegal ou negligenciam seus deveres. (MEDAUAR, 2012, p. 151).

Eleito pelo Parlamento, mas com atuação independente em relação a este, o *Ombudsman* tem mandato de quatro anos, passível de reeleição. E conta com um suplente e, ainda, com uma equipe de auxiliares.

Em sua atuação, o *Ombudsman* tem acesso a todo e qualquer documento que julgue pertinente, inclusive os sigilosos, bem como processos. Podendo solicitar auxílio de servidores e requerer do Ministério Público que promova sindicâncias ou ações penais contra faltas graves praticadas por funcionários.

Nota-se que, como já tratado anteriormente, o acesso à informação se mostra fundamental para possibilitar o controle das atividades do Estado.

O caráter democrático e de assessoramento na participação popular por meio do *Ombudsman* se evidencia por meio da forma de sua atuação, nas palavras de Odete Medauar:

> o *Ombudsman* orienta livremente suas atividades de controle, que são desencadeadas ou por **reclamações dos particulares** ou pela publicidade de certos fatos ou por verificações pessoais em alguma de suas visitas de inspeção. **Em geral, a atuação do *Ombudsman* decorre de uma reclamação ou requerimento de um administrado. Uma simples carta ou visita ao gabinete podem provocar a atuação.** O patrocínio de advogados não é necessário.
>
> [...]
>
> Se textos legislativos estão ultrapassados ou incompletos **ou, na hipótese de sua aplicação, acarretarem consequências imprevistas, injustas ou danosas aos cidadãos**, o *Ombudsman* tece considerações em seu relatório, podendo sugerir a elaboração de projetos de leis. E, ainda: enquanto o Parlamento não adotar medidas para remediar a situação apontada, **o *Ombudsman* insiste junto ao governo e à Administração para que providências temporárias sejam tomadas.** (MEDAUAR, 2012, p. 152, 151, destaque nosso).

Como se vê, ao agir, o *Ombudsman* favorece o diálogo entre a sociedade e a Administração Pública, fomentando o controle desta e a garantia de efetividade dos direitos assegurados aos cidadãos.

Ainda quanto à sua atuação, anualmente o *Ombudsman* apresenta ao Parlamento que o elegeu um relatório de suas atividades, que é submetido a uma comissão responsável por controlar e avaliar sua atuação, podendo esta decidir até mesmo por sua destituição, com base nesse documento.

Esse relatório é também remetido às principais autoridades do país e tem ampla divulgação pela imprensa.

No Brasil, o *Ombudsman* não existe como foi criado em seus moldes originais, mas sofreu uma adaptação que resultou no surgimento das ouvidorias. Como relata Gustavo Costa Nassif:

> no Brasil, a exemplo dos demais países da América Latina, a criação de *Ombudsman* foi tardia. Após o longo período de ditadura militar, no qual direitos e garantias individuais foram duramente restringidos, a Assembleia Constituinte, na elaboração da nova Carta Constitucional, prezou pela participação popular e pela adoção de instituições democráticas, o que, somado a outros institutos, representou um grande avanço em matéria de Direitos Humanos.
>
> Nesse contexto de renovação, surgiu o debate acerca das ouvidorias. Embora, o instituto tenha sido matéria de discussão, não lhe foi dado *status* constitucional condizente com a sua importância. Não obstante, a Constituição Federal consagrou o princípio constitucional da participação popular na Administração Pública como princípio inerente à democracia, abrindo espaço para a inserção das ouvidorias na estrutura orgânica brasileira. Com isso, foi atribuída ao legislador infraconstitucional a tarefa de regular as reclamações dos destinatários dos serviços públicos. (NASSIF, 2012, p. 280-281).

Odete Medauar registra, em sua obra sobre o controle da Administração Pública, as tentativas de implantação do *Ombudsman* e cita Marcos Amaral para apontar uma das causas de sua rejeição:

> contra a criação do *Ombudsman* brasileiro levantaram-se poderosos *lobbies* corporativos, do Tribunal de Contas da União e do Ministério Público, munindo seus adversários com inúmeros argumentos, desde o ônus de se criar mais um cargo no País até a afirmação de que o controle jurisdicional possibilita maiores garantias aos cidadãos. (AMARAL FILHO apud MEDAUAR, 2012, p. 162).

Vê-se que o controle jurisdicional é tratado como uma panaceia, o que, como bem ponderou Vanice Regina Lírio do Valle, "é uma estratégia de ação que brinca com o perigo, na medida em que pode gerar uma expectativa em relação à sociedade, que venha a ser contrariada pela realidade dos fatos." (VALLE, 2009, p. 148).

Essa mentalidade, que desemboca no ativismo judicial, pode afetar a confiança da sociedade nas instituições, especialmente na capacidade destas de solucionarem autonomamente seus problemas e impasses quando, na verdade, os conflitos poderiam ser enfrentados de forma mais competente e satisfatória no âmbito administrativo, a partir de um maior diálogo entre a população e os órgãos que compõem a Administração Pública.

A principal diferença – que Odete Medauar (2012) chama de distorção – em relação à concepção original do *Ombudsman* no Brasil refere-se à ausência de independência no exercício das suas atividades e, também, ao fato de não ser proveniente do Parlamento, do Legislativo.

Em 1992 foi criada a Ouvidoria-Geral da República, no âmbito do Ministério da Justiça, por meio da Lei Nº 8.490/92 (BRASIL, 1992b), sendo deslocada para a estrutura da CGU, posteriormente, em 2003, por meio da Lei 10.683/2003 (BRASIL, 2003):

> Art. 17. À Controladoria-Geral da União compete assistir direta e imediatamente ao Presidente da República no desempenho de suas atribuições quanto aos assuntos e providências que, no âmbito do Poder Executivo, sejam atinentes à defesa do patrimônio público, ao controle interno, à auditoria pública, à correição, à prevenção e ao combate à corrupção, às atividades de ouvidoria e ao incremento da transparência da gestão no âmbito da administração pública federal.
>
> § 1o A Controladoria-Geral da União tem como titular o Ministro de Estado Chefe da Controladoria-Geral da União, e **sua estrutura básica é constituída por:** Gabinete, Assessoria Jurídica, Conselho de Transparência Pública e Combate à Corrupção, Comissão de Coordenação de Controle Interno, Secretaria-Executiva, Corregedoria-Geral da União, **Ouvidoria-Geral da União** e 2 (duas) Secretarias, sendo 1 (uma) a Secretaria Federal de Controle Interno. (Redação dada pela Lei nº 12.314, de 2010). (BRASIL, 2003, destaque nosso).

Assim, a Ouvidoria-Geral da União está inserida na estrutura do Ministério da Transparência e Controladoria-Geral da União, com as competências determinadas pelo recente Decreto Nº Nº 8.910/2016:

> Art. 13. À Ouvidoria-Geral da União compete:
>
> I - realizar a coordenação técnica das atividades de ouvidoria no Poder Executivo federal e sugerir a expedição de atos normativos e de orientações;
>
> II - receber e analisar denúncias, reclamações, solicitações, elogios, sugestões e pedidos de acesso à informação direcionados ao Ministério e encaminhá-los, conforme a matéria, ao órgão ou à entidade competente;

> III - monitorar, para fins estatísticos, a atuação das ouvidorias federais no tratamento das manifestações recebidas;
>
> IV - assistir o Ministro de Estado na deliberação dos recursos previstos no parágrafo único do art. 21 do Decreto nº 7.724, de 16 de maio de 2012;
>
> V - apreciar e decidir os recursos de que trata o art. 23 do Decreto nº 7.724, de 2012;
>
> VI - acompanhar, em articulação com as demais unidades do Ministério, o cumprimento das decisões de que trata os art. 23 e art. 24 do Decreto no 7.724, de 2012;
>
> VII - promover a conciliação e a mediação na resolução de conflitos evidenciados no desempenho das atividades de ouvidoria entre cidadãos e órgãos, entidades ou agentes do Poder Executivo federal;
>
> VIII - receber e analisar as manifestações referentes a serviços públicos prestados pelos órgãos e pelas entidades do Poder Executivo federal, propor e monitorar a adoção de medidas para a correção e a prevenção de falhas e omissões na prestação desses serviços;
>
> IX - promover capacitação relacionada a atividades de ouvidoria no âmbito do Poder Executivo federal;
>
> X - produzir estatísticas do nível de satisfação dos usuários dos serviços públicos prestados no âmbito do Poder Executivo federal;
>
> XI - promover a articulação com órgãos, entidades e organismos nacionais e internacionais que atuem nas unidades de sua competência; e
>
> XII - promover formas de participação popular no acompanhamento e na fiscalização da prestação dos serviços públicos. (BRASIL, 2016)

É interessante notar que o Decreto Nº 8.910/2016 demonstra preocupação em promover o cumprimento da Lei de acesso à informação, fazendo menção direta ao diploma legal bem como ao decreto que o regulamenta.

As ouvidorias se difundiram no Brasil, especialmente em órgãos e entidades do Poder Executivo Federal, mas atingindo também outros entes federativos e órgãos da Administração Pública, de modo que Estados, municípios e tribunais, dentre outros, possuem suas próprias ouvidorias.

Ainda quanto à Ouvidoria-Geral da União, esta publica anualmente um relatório trazendo informações sobre as atividades desenvolvidas.

Em consulta ao sítio eletrônico da CGU, à época, o relatório mais recente disponibilizado era o relativo às atividades desenvolvidas em 2011, do qual se destacam alguns dados e números a seguir. (BRASIL, 2012d).

Primeiramente, destaca-se o gráfico 5 que aponta a evolução do quantitativo de unidades de ouvidoria do Poder Executivo Federal:

Gráfico 5 – Evolução do quantitativo de unidades de ouvidoria do Poder Executivo Federal

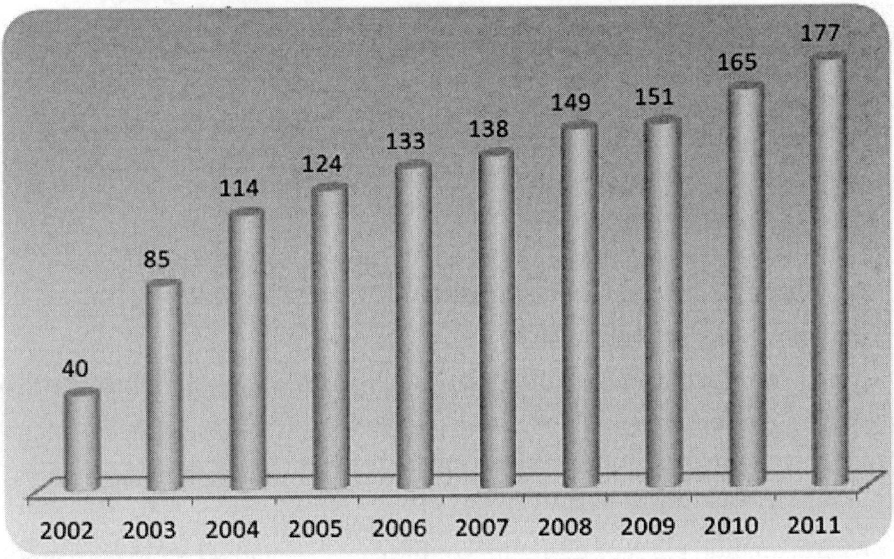

Fonte: OGU/CGU-PR

Fonte: BRASIL, 2012d.

Os dados apontam um aumento de 7,2% no número de ouvidorias em relação ao ano anterior e prossegue informando o quantitativo e a composição das manifestações recebidas:

> no ano de 2011, a Ouvidoria-Geral recebeu o quantitativo de 10.848 manifestações. Desse quantitativo, 9.684 (89%) manifestações foram classificadas como denúncias e representações e o quantitativo restante de 1.164 (11%) foi composto de 811 reclamações sobre a qualidade da prestação do serviço público de órgãos e entidades do Poder Executivo Federal, 205 pedidos de informação e o restante 148 compreendendo assuntos diversos. (BRASIL, 2012d, p. 17)

O relatório explica que a categoria "assuntos diversos" abrange "sugestões, elogios, desabafos e demais manifestações que não se enquadram nas demais categorias." (BRASIL, 2012d, p. 17).

Com base nesses dados, elaborou-se a tabela abaixo para proporcionar melhor visualização acerca da atuação da Ouvidora Geral da União:

Tabela 1 – Manifestações recebidas pela Ouvidoria-Geral em 2011

Categoria	Denúncias e representações	Reclamações qualidade da prestação do serviço público	Pedidos de informação	Assuntos diversos	
Quantidade	9.684	811	205	148	10.848
Percentual	89%	11%			100

Fonte: BRASIL, 2012d.

A análise dos dados apresentados evidencia que a atividade da Ouvidoria--Geral ainda é pouco expressiva, especialmente considerando que trata-se do resultado de 1 (um) ano de atuação.

A presença do cidadão na discussão, de forma ativa, num diálogo entre o cidadão e a Administração Pública não parece ser difundida e estimulada, até porque, para tanto seriam necessárias educação e cultura cívica, o que ainda é muito precário em nosso país.

Assim, quando em face de algum conflito, esse relacionamento entre a sociedade e o Estado parece sempre encontrar solução em um único caminho: os tribunais.

A atuação do *Ombudsman*, não só de forma repressiva, mas também preventiva, contribuiria para o fortalecimento das instituições e da confiança da população nas mesmas, fortalecendo assim a democracia e a cidadania, bem como trazendo efetividade do controle da Administração Pública.

Nesse sentido, registra-se uma vez mais a observação pertinente de Gustavo Costa Nassif, ao tratar da possibilidade de uma atuação até mesmo internacional do *Ombudsman* que se relaciona diretamente com o nosso estudo:

> **O instituto possui um forte viés democrático e foi instaurado em todos os países que possuem essa vocação.** Em face do déficit democrático nas socie-

> dades contemporâneas ele se apresenta como uma alternativa não tradicional de abertura à participação da sociedade internacional. (NASSIF, 2012, p. 231, grifo nosso).

Neste trabalho, segue-se a corrente favorável à implantação do Ombudsman verdadeiro, como pontua Odete Medauar: "[...] um Ombudsman verdadeiro deve ser instituído, como um respaldo a mais no exercício da cidadania, com as cautelas adequadas para que não se burocratize." (MEDAUAR, 2012, p. 163).

5
NOVOS CONTROLES E O DIREITO À BOA ADMINISTRAÇÃO

A estrutura do Estado de Direito Democrático tem a centralidade no cidadão, na dignidade da pessoa humana, como premissa que orienta e reflete em todas as áreas do Direito, no Direito Administrativo especialmente.

A Administração Pública, por força do comando constitucional, especialmente as tarefas definidas pelo artigo 3º, assume um compromisso de bem atender ao interesse público e de se relacionar com o cidadão administrado de uma forma ativa e bem mais participativa.

Essa relação se estrutura em princípios que vão orientar e dirigir as ações e a forma de agir da Administração Pública, dos quais se destaca o chamado "princípio da boa administração" ou "princípio da boa governança".

Na Europa, ao editar-se a Carta dos Direitos Fundamentais da União Europeia, em 2007 - disciplinando as relações entre diferentes Estados-Membros que detém normas próprias - um novo formato das relações entre Administração Pública e administrados foi expresso. (PARLAMENTO EUROPEU, 2007).

A Carta dos Direitos Fundamentais compreende um preâmbulo e 54 artigos repartidos em sete "títulos", que seriam como capítulos. O título V trata da cidadania e abrange:

a) direito de eleger e de ser eleito nas eleições para o Parlamento Europeu;

b) direito de eleger e de ser eleito nas eleições municipais;

c) **direito a uma boa administração**;

d) direito de acesso aos documentos;

e) direito de apresentar petições ao Provedor de Justiça Europeu respeitantes a casos de má administração na atuação das instituições ou órgãos comunitários;

f) direito de petição;

g) liberdade de circulação e de permanência; e

h) proteção diplomática e consular. (PARLAMENTO EUROPEU, 2007).

Como se vê, o princípio da boa administração é expresso na norma do artigo 41 da Carta, *in verbis*:

> Artigo 41º
>
> **Direito a uma boa administração**
>
> 1. Todas as pessoas têm direito a que os seus assuntos sejam tratados pelas instituições, órgãos e organismos da União de forma imparcial, equitativa e num prazo razoável.
>
> 2. Este direito compreende, nomeadamente:
>
> a) O direito de qualquer pessoa a ser ouvida antes de a seu respeito ser tomada qualquer medida individual que a afecte desfavoravelmente;
>
> b) O direito de qualquer pessoa a ter acesso aos processos que se lhe refiram, no respeito pelos legítimos interesses da confidencialidade e do segredo profissional e comercial;
>
> c) A obrigação, por parte da administração, de fundamentar as suas decisões.
>
> 3. Todas as pessoas têm direito à reparação, por parte da União, dos danos causados pelas suas instituições ou pelos seus agentes no exercício das respectivas funções, de acordo com os princípios gerais comuns às legislações dos Estados-Membros.
>
> 4. Todas as pessoas têm a possibilidade de se dirigir às instituições da União numa das línguas dos Tratados, devendo obter uma resposta na mesma língua. (PARLAMENTO EUROPEU, 2007).

A Carta Europeia foi a primeira no mundo a incluir o direito à boa administração como direito fundamental.

Vanice Regina Lírio do Valle (2008, p. 101) cita Enrique Múgica Herzog para dizer que esse texto "parece refletir uma concepção que assenta [...] a verdadeira convivência democrática no reconhecimento de todo ser humano como pessoa, o que lhes permite relacionarem-se, mediante suas ações e omissões, em termos de igualdade.".

No ordenamento jurídico brasileiro, com a Constituição de 1988 que consagrou um Estado de Direito Democrático, pode-se dizer que o "direito à boa administração" é manifesto na norma do art. 37, CR/88, em que são expressos os princípios gerais de atuação da Administração Pública e que guarda relação direta com os direitos dos administrados. (BRASIL, 1988).

Pois, ainda conforme o ensino de Múgica Herzog (2002, p.64), o princípio da boa administração estaria ligado a todos os outros direitos, como parte integrante destes, os quais necessitam de uma boa administração para serem efetivos.

Para Celso Antônio Bandeira de Mello, o princípio da boa administração é revelado por meio do princípio da eficiência, a saber:

> **a Constituição se refere, no art. 37, ao princípio da eficiência**. Advirta-se que tal princípio não pode ser concebido (entre nós nunca é demais fazer ressalvas óbvias) senão na intimidade do princípio da legalidade, pois jamais uma suposta busca de eficiência justificaria postergação daquele que é o dever administrativo por excelência. **O fato é que o princípio da eficiência não parece ser mais do que uma faceta de um princípio mais amplo** já superiormente tratado, de há muito, no Direito italiano: **o princípio da "boa administração"**. Este último **significa**, como resulta das lições de Guido Falzone, em **desenvolver a atividade administrativa "do modo mais congruente, mais oportuno e mais adequado aos fins a serem alcançados, graças à escolha dos meios e da ocasião de utilizá-los, concebíveis como os mais idôneos para tanto"**. Tal dever, como assinala Falzone, "não se põe simplesmente como um dever ético ou como mera aspiração deontológica, senão como **um dever atual e estritamente jurídico**". Em obra monográfica, invocando lições do citado autor, assinalamos este caráter e averbamos que, nas hipóteses em que há discrição administrativa, "a norma só quer a solução excelente". Juarez Freitas, em oportuno e atraente estudo – no qual pela primeira vez entre nós é dedicada toda uma monografia ao exame da discricionariedade em face do direito à boa administração - , com precisão irretocável, afirmou o caráter vinculante do direito fundamental à boa administração. (MELLO, 2010, p. 122 e 123, destaque nosso).

Por sua vez, Juarez Freitas, citado por Vanice Regina Lírio do Valle ensina que direito fundamental à boa administração é:

> [...] direito fundamental à administração pública eficiente e eficaz, proporcional, cumpridora de seus deveres, com transparência, motivação, imparcialidade e respeito à moralidade, à participação social e à plena responsabilidade por suas condutas omissivas e comissivas.
>
> [...] o dever de a administração pública observar, nas relações administrativas, a cogência da totalidade dos princípios constitucionais que a regem [...] (FREITAS apud VALLE, 2008, p. 102).

Pode-se notar que o direito à boa administração abrange a **observância dos princípios constitucionais expressos** e a **participação popular** como uma nova formatação da relação entre Administração Pública e sociedade, mas isso na estrutura de um processo ainda em andamento, em constante construção.

Dessa forma, há o envolvimento de aspectos jurídicos e não jurídicos.

Para que o direito à boa administração se efetive é necessário que sejam adotadas medidas como aumento da transparência da atuação da Administração Pública, de modo que a sociedade conheça, entenda e acompanhe a atividade estatal.

Como se vê, há uma relação direta entre esse princípio e o controle – especialmente o controle social – da Administração Pública, pois a participação do cidadão é requerida para desenvolver uma nova relação com o Estado.

E por meio do acesso a informações, como tratado em capítulo anterior, será possível iniciar a construção de uma relação de confiança recíproca entre Estado e sociedade, para que o princípio da boa administração seja plenamente realizado.

Essa relação se estrutura em um diálogo com comportamento ativo entre o Estado - indo além da 'publicidade' às suas ações - e a sociedade - agindo com esmero para contribuir com a atividade administrativa.

Esta última, precisa agir conforme propõe Jaime Pinsky:

> o que estamos tentando passar é que cidadania deve ser atitude praticada o tempo todo, em todas as situações, e não apenas quando reclamamos, genérica e abstratamente, do País, como um todo e dos políticos de maneira particular.

> Nossos políticos não são os dos nossos sonhos? De acordo. E nós, seremos nós cidadãos de, ao menos, nossos próprios sonhos? Em artigos anteriores, tentei escarafunchar essa patologia pseudocordial que mistura o "não vale a pena" com o "não adianta" e acaba desembocando no "jeitinho" que nos transforma, a todos, se não em corruptos ou corruptores, ao menos em coniventes acovardados ou deslumbrados.
>
> **Nenhuma forma ou sistema de governo tem chance de funcionar adequadamente em nosso país se não começarmos a nos comportar seriamente como cidadãos responsáveis**, participando ativamente da coisa pública e exigindo de nossos representantes que, no mínimo, nos representem. Seja através de partidos, seja individualmente, ou por meio de órgãos de classe, cabe-nos participar e exigir, cobrar e atuar. Relacionar-se com a coisa pública não é simplesmente contabilizar as vantagens pessoais que exigimos como contrapartida ao apoio que demos ao candidato vencedor. É principalmente **ajudá-lo a governar, exigindo, cobrando, sempre presente.** Nosso apoio deve ser dado ao sistema de governo que considerarmos mais adequado à participação do cidadão na política, **não apenas na hora do voto**, como tem sido até agora, mas de forma permanente.
>
> Será muita ingenuidade pensar num país de cidadãos? (PINSKY, 1993, p.50-51, destaque nosso).

No cenário do Estado de Direito, a postura definida pelos direitos fundamentais formata a atuação dos atores, Estado e cidadão e, por esta razão, é crucial para a eficiência da Administração Pública.

Nas palavras de Vanice Regina Lírio do Valle:

> **boa administração é um ideal que se busca - permanentemente - e não uma estação de chegada**, que se vá alcançar depois do desenvolvimento de uma trajetória previamente desenhada. É esforço recíproco, envolvendo uma cidadania que não está afeita a uma conduta ativa, e uma administração que ainda resiste à transparência. Direito fundamental à boa administração se apresenta como etapa subsequente de um longo e penoso **amadurecimento democrático** - e estará a exigir, como as etapas anteriores, determinação e aprendizado. (VALLE, 2008, p. 105, destaque nosso).

Como o direito à boa administração envolve aspectos jurídicos e não jurídicos, a observação dos primeiros - ainda que necessária - não é suficiente para assegurar esse direito.

Isto porque, os aspectos jurídicos funcionam mais como **vetores** dos aspectos não jurídicos, quais sejam os aspectos ligados diretamente à governança[1].

Os aspectos não jurídicos abrangem instrumentos de gestão que se relacionam com outras áreas - como a Economia e a Administração - aspectos voltados à prestação dos serviços administrativos fornecidos à coletividade, dos quais pode-se citar como exemplos: as parcerias público-privadas; a relação de colaboração com Organizações Não Governamentais (ONGs), Organização da Sociedade Civil de Interesse Público (OSCIPs) e outras formas de associações civis sem fins lucrativos (o chamado terceiro setor), e até mesmo a opção do gestor pela utilização de ferramentas gerenciais do setor privado na Administração Pública.

Fica fácil, então, identificar sua importância e conexão para fins de controle, especialmente por meio dos novos controles – controle social e de políticas públicas. Pois as irregularidades na atividade da Administração Pública podem ir além da legalidade, por exemplo, sendo detectadas pela ação do controle social em direção ao chamado controle de juridicidade. A expressão "juridicidade", então, deve ser compreendida como bem explicita Diogo de Figueiredo Moreira Neto:

> a *juridicidade*, também conhecida como *ilegalidade em **sentido amplo***, e assim entendida como *submissão do agir ao direito*, **compreende tanto a *legalidade***, agora em sentido estrito, **quanto a *legitimidade* e a *licitude* (moralidade)**, constituindo-se na tríplice referência da ordem jurídica para a administração pública.
>
> A violação à norma legal tipifica a ilegalidade estrita; o uso antijurídico da discricionariedade caracteriza a ilegitimidade e o desvio moral configura a ilicitude. (MOREIRA NETO, 2003, p. 188, destaque nosso).

Os novos controles, como aqui foram descritos, promovem diretamente o direito à boa administração, até porque bem vinculados ao norte de atuação da Administração Pública, que é a implementação de direitos fundamentais (JUSTEN FILHO, 2013).

Mas ainda é necessário ampliar o interesse da população quanto à participação nesses organismos, até porque existem mecanismos que podem ser exercitados, como antes se demonstrou.

---

1 Governança compreendida como a forma de atuação estatal para implementar as políticas públicas, visando ao desenvolvimento.

É importante destacar que os novos controles não excluem o "controle tradicional", nem se sobrepõem a este. Não servem para substituir o controle institucional-tradicional, mas sim para informar e dirigir novas formas de participação do Povo, nos controles da atuação da Administração Pública, aproximando-se do ideal democrático que norteia o programa de "vida boa" definido pela Constituição brasileira de 1988.

Além disso, não se pode perder de vista que o controle social, por exemplo, depende do "controle oficial" por assim dizer para ter eficácia, de modo que sua atuação deve ser unida, de modo harmonioso, estabelecendo uma conjugação entre todos os procedimentos de controle.

A sociedade precisa controlar a Administração por meio do controle institucional e também dos novos controles. Essa relação pode ser demonstrada na reprodução do "Esquema de interação entre o Controle Governamental e o Controle Social" (FIG.5) de Rodrigo Márcio Medeiros Paiva (2004):

Figura 5 – Esquema de interação entre o Controle Governamental e o Controle Social

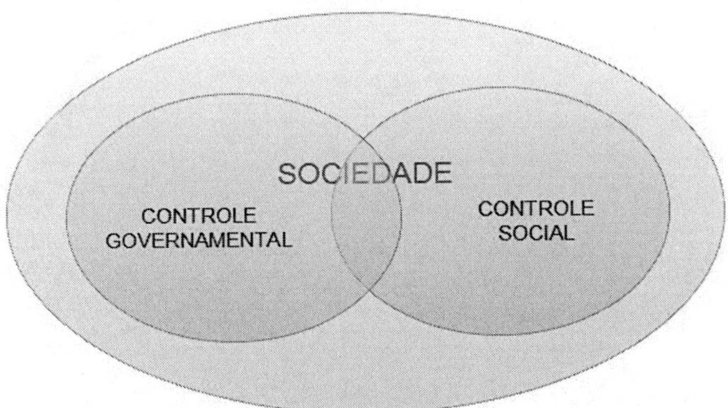

Fonte: PAIVA, 2004, p. 29.

A implementação dos novos controles toma por foco também o fortalecimento dos valores democráticos deontologizados pela Constituição (em especial aqueles listados no artigo 5º.) e a consolidação de uma cultura política de abertura a práticas políticas, como o caso do "orçamento participativo"[2], é um desafio na construção de uma gestão realmente democrática e cidadã.

2 "O orçamento participativo é um importante instrumento de complementação da democracia representativa, pois permite que o cidadão debata e defina os destinos de uma

A construção da cidadania em nosso país passa pela, já citada, prática da *accountability*, que demandará um aumento do nível de cultura política da população, um avanço no desenvolvimento das instituições e da organização da sociedade. E isso não virá sem esforço.

Para que isso ocorra, é necessário ampliar investimentos na educação - em todos os níveis, desde o ensino fundamental, passando pelo ensino médio e o ensino superior – o que redundará em uma população melhor capacitada e mais esclarecida, uma população mais produtiva e com mais consciência participativa, o que resultará em maior fiscalização e, consequente, maior prestação de contas que, por sua vez, gerará mais informações que vão "retroalimentar" esse "círculo virtuoso", como pode ser representado na figura 6 a seguir:

Figura 6 – Círculo virtuoso para construção da cidadania na perspectiva da boa administração

Fonte: Elaborado pela autora, 2013.

cidade. Nele, a população decide as prioridades de investimentos em obras e serviços a serem realizados a cada ano, com os recursos do orçamento da prefeitura. Além disso, ele estimula o exercício da cidadania, o compromisso da população com o bem público e a co-responsabilização entre governo e sociedade sobre a gestão da cidade." (BRASIL, 2013k).

Em nosso país tais experiências têm ocorrido, especialmente no combate à corrupção, por meio da atuação do Ministério Público, da imprensa e até mesmo do Congresso Nacional e já há algum tempo, como registrou Jaime Pinsky, em 1993:

> na verdade, **toda ou quase toda corrupção tem sua justificativa. E é isso que a viabiliza, que a mantém e realimenta.**
>
> O problema é o pacto de conivência, que qual um elo invisível unia pequenos, médios, grandes e megacorruptos do País. Tornava-se necessário um grande impacto para abalar esse elo, talvez até rompê-lo.
>
> Parece que este impacto aconteceu. Nas ruas, nas salas de aula, nos botecos e até nos estádios, os brasileiros estão apresentando seu protesto, estão exigindo mais respeito e, dessa forma, negando a corrupção como "solução possível" no cardápio das respostas a problemas cotidianos.
>
> CPI concluída, processos abertos, culpados condenados e punidos: isto não é um ato de vingança, ou solução extra-eleitoral. É um brado coletivo de pessoas que querem ser cidadãos e de um povo que quer ser uma nação. (PINSKY, 1993, p.38, destaque nosso)

Decorridos vinte anos dessa declaração acima, embora essa citação reflita a situação atual, como num *déjà vu,* ações práticas estão sendo adotadas, como a edição da recente Lei 12.846 de 1º de Agosto de 2013, que "dispõe sobre a responsabilização objetiva administrativa e civil de pessoas jurídicas pela prática de atos contra a administração pública, nacional ou estrangeira." (BRASIL, 2013l).

Chamada de "Lei Anticorrupção", tem o objetivo de punir as pessoas jurídicas envolvidas em casos de corrupção, não afastando a responsabilização das pessoas físicas, tampouco a possibilidade de sua responsabilização na esfera judicial.

Entre as sanções estão previstas multas de até 20% do faturamento bruto da pessoa jurídica e a lei trata, ainda, da possibilidade de ajuizamento de ações com vistas à suspensão ou interdição parcial de suas atividades, ou mesmo a dissolução compulsória da pessoa jurídica.

Apesar de não ter sido regulamentada até o momento do início de sua vigência (em 29 de Janeiro de 2014), a Lei representa um grande avanço e um esforço contra a corrupção no país, mas ainda é preciso amadurecer a consciência de cidadania[3].

É preciso amadurecer a consciência de cidadania, sobretudo quanto à realização do controle pela sociedade, pois, como bem esclarece Odete Medauar (2012):

> [...] manifestações aleatórias, genéricas, meros protestos, passeatas pedindo paz (de regra, após crimes de repercussão), manifestações organizadas ou insufladas, de notório/oculto objetivo político-partidário, invasão de bens públicos, protestos contra reintegrações de posse, lançamento de objetos em agentes políticos **não representam controle sobre a Administração Pública.** (MEDAUAR, 2012, p. 177, destaque nosso).

Segundo a autora, é preciso que as participações populares se revistam de cunho verificador, com o conhecimento de dados precisos acerca da situação criticada.

Recentemente, Cristiana Maria Fortini Pinto e Silva e Iúlian Miranda publicaram artigo em que tratavam de possíveis riscos oriundos da participação popular no controle social[4].

Mas tanto para evitar riscos, como para – repita-se - amadurecer a consciência de cidadania e, consequentemente, promover os novos controles com uma participação lúcida da sociedade, uma solução que se propõe seria por meio da educação. Formar essa consciência nas escolas, em todos os níveis, desde o ensino fundamental ao superior.

---

3 "Cidadania refere-se à participação política das pessoas na condução dos negócios e interesses estatais. Fato é que o conceito de cidadania sofre uma gradativa ampliação ao longo dos anos, principalmente a partir da Segunda Guerra. Antes, ser cidadão era ter capacidade para votar e ser votado (o que, diga-se, ainda é válido para a dogmática do direito constitucional). Porém, hoje, compreende-se que a cidadania se expressa por outras vias, além da política, se desenvolvendo também por meio dos direitos e garantias fundamentais, ou da tutela dos direitos e interesses difusos. Assim sendo, podemos afirmar que a cidadania não é algo pronto e acabado, mas se apresenta como processo (*um caminhar para*) de participação ativa na formação da vontade política e afirmação dos direitos e garantias fundamentais, sendo ao mesmo tempo um *status* e um direito." (FERNANDES, Bernardo, 2011, p. 219).

4 "O direito à informação como garantidor do controle social das atividades administrativas: Uma análise dos riscos oriundos dessa participação popular." (SILVA; MIRANDA, 2013).

Desde 2011, tramita no Congresso Nacional um projeto de lei, de autoria do Deputado Jorge Tadeu Mudalen, do DEM/SP, sob o número INC 346/2011, que sugere a inclusão de conteúdos referentes a noções de direito, ética e cidadania nos currículos das escolas de ensino fundamental e médio.

À primeira vista parece ser uma espécie de volta das matérias Organização Social e Política Brasileira (OSPB) e Educação Moral e Cívica (EMC).

Conforme definição de Ebenezer Takuno de Menezes e Thais Helena dos Santos:

> ambas, EMC e OSPB, foram adotadas em substituição às matérias de Filosofia e Sociologia e ficaram caracterizadas pela transmissão da ideologia do regime autoritário ao exaltar o nacionalismo e o civismo dos alunos e privilegiar o ensino de informações factuais em detrimento da reflexão e da análise.
>
> [...]
>
> Dessa forma, as duas matérias foram condenadas pelos Parâmetros Curriculares Nacionais (PCN), estabelecidos pela Lei de Diretrizes e Bases da Educação (LDB) de 1996, por terem sido impregnadas de um "caráter negativo de doutrinação". Alguns estudiosos, no entanto, acreditam que o civismo brasileiro, apesar de estigmatizado como obrigação pelo governo militar brasileiro, poderia contribuir para a auto-estima do País quando abordado sem exageros. (MENEZES; SANTOS, 2002)

Muito mais do que contribuir para a "autoestima" do país, aprender o hino nacional e datas cívicas, o ensino voltado para o exercício da cidadania é preconizado pela constituição, na norma do art. 205:

> CAPÍTULO III
>
> DA EDUCAÇÃO, DA CULTURA E DO DESPORTO
>
> Seção I
>
> DA EDUCAÇÃO
>
> Art. 205. **A educação**, direito de todos e dever do Estado e da família, **será promovida e incentivada** com a colaboração da sociedade, **visando ao pleno desenvolvimento da pessoa, seu preparo para o exercício da cidadania** e sua qualificação para o trabalho. (BRASIL, 1988, destaque nosso).

Dessa forma, o conceito de cidadania como "processo de participação ativa na formação da vontade política e afirmação dos direitos e garantias fundamentais, sendo ao mesmo tempo um status e um direito" (FERNANDES, Bernardo, 2011, p.219), retomaria seu significado, seria ampliado, e a consciência de pertencer a um coletivo seria desenvolvida para levar cada um a fazer sua parte, como afirma Jaime Pinsky:

> [...] Tenho a impressão de que cidadania, para alguns, tem a ver apenas com colocar a mão direita sobre o lado esquerdo do peito enquanto nosso Hino Nacional é executado ou com torcer inutilmente para que algum piloto brasileiro repita os feitos de Ayrton Senna.
>
> Ora, cidadania enfaixa uma série de direitos, deveres e atitudes relativos ao cidadão, aquele indivíduo que estabeleceu um contrato com seus iguais para a utilização de serviços em troca de pagamento (taxas e impostos) e de sua participação, ativa ou passiva, na administração comum. Por essa definição (mesmo apressada e meramente funcional), se vê que **a cidadania pressupõe, sim, o pagamento de impostos, mas também a fiscalização de sua aplicação**; o direito a condições básicas de existência (comida, roupa, moradia, educação e atendimento de saúde) acompanhado da obrigação de zelar pelo bem comum.
>
> Operacionalmente, cidadania pode ser qualquer atitude cotidiana que implique a manifestação de **uma consciência de pertinência e de responsabilidade coletiva.**
>
> [...]
>
> Exigir direitos é parte da cidadania, mas respeitar os contratos sociais é sua contrapartida. Talvez por não fazermos a nossa parte ou não termos a consciência de pertencer a um coletivo é que somos tão condescendentes com irregularidades que acabam prejudicando todos. **E o fato de mantermos a maioria da população sem os direitos básicos de cidadania nos impede de construir a Nação-cidadã que arrotamos desejar**. (PINSKY, 1998, p. 18-19, destaque nosso).

A conscientização da sociedade implica uma transformação da cultura - aqui referida como um conjunto de comportamentos e práticas sociais, aprendidos de geração em geração por meio da vida em sociedade - incentivando uma cultura participativa e removendo a indiferença, o que se dará por meio de um processo meticuloso e custoso, um esforço mútuo. É um investimento a longo prazo. E que, por isso mesmo, precisa se iniciar logo.

A educação é a chave principal desse trabalho e – como é cediço - é uma necessidade urgente de nossa nação, conforme dados adiante informados.

De fato, como citado anteriormente, o "Relatório de Monitoramento Global de Educação para Todos" da UNESCO, divulgado em 29 de janeiro de 2014, aponta o Brasil como o 8° país com maior número de analfabetos adultos, num total de 150 países. E dados recentes publicados pelo Fórum Econômico Mundial (WEF – *World Economic Forum)*, em seu "Relatório de Capital Humano", classificaram o Brasil na 88ª posição de um total de 122 países ao avaliar a educação no país. (UNESCO, 2014).

Notícia veiculada pela revista Exame dá conta de que o mesmo relatório aponta que em todos os outros pilares – termo utilizado pelo relatório – avaliados o Brasil está acima da média da América Latina e até mesmo de outros países com o mesmo nível de renda, com exceção apenas da Educação. (PRATES, 2013).

Já em uma pesquisa anterior, realizada em 2012 pela consultoria britânica *Economist Intelligence Unit* (EIU), o Brasil foi classificado em penúltimo lugar no ranking mundial de educação.

Conforme notícia veiculada pela BBC Brasil, a pesquisa "comparou 40 países levando em conta notas de testes e qualidade de professores, dentre outros fatores." (BBC, 2012).

Se não houver educação de qualidade, não adianta promover acesso à informação e outros instrumentos participativos, pois o cidadão não estará habilitado a analisar e compreender dados disponibilizados.

Por conseguinte, não participará, ou pelo menos não de forma consciente, dos mecanismos de controle social, ensejando a ocorrência dos riscos levantados anteriormente.

Não haverá fiscalização da atividade da Administração Pública pela sociedade e sem essa prestação de contas aumenta-se o risco de haver corrupção.

Em artigo publicado na Revista Conjur, Lênio Streck fala que nosso ecossistema administrativo-financeiro-ético-moral-jurídico não evoluiu para produzir "predadores dos predadores" para poder preservar sua própria espécie, que é o Estado:

> [...] Para mim, a diferença está nos predadores dos predadores, isto é, **o problema reside no fato de os predadores de primeiro nível** — aqueles que predam o ervanário da viúva (nos três níveis de viuvidade: federal, estadual e municipal) — **não encontrarem os seus predadores**. Sendo mais claro: **aqueles que, do lado de cá do ecossistema, têm a função de predar os predadores, não estão predando adequadamente**. E quando faltam predadores dos predadores, cria-se uma anomalia sistêmica.
>
> [...]
>
> Só para mostrar o gambiarrismo que assola *terrae brasilis*, leio também na Folha de S.Paulo que tem gente que sustenta que a não reprovação de alunos é melhor que a reprovação. Claro. Límpido. Só para esclarecer: a pergunta que o jornal fez foi: "A reprovação melhora o desempenho escolar"? E um especialista respondeu "sim, melhora". Bingo. Por isso, quando chegam para fazer Faculdade de Direito, alimentam-se, no ecossistema da leitura, de livros simplificadores. Não chumbaram no ensino fundamental, **chegaram ao ensino superior à meia boca**. Ou alguém acharia que a crise está apenas no ecossistema jurídico? (STRECK, 2013, destaque nosso).

Se não houver educação de qualidade, não haverá preparo, não haverá consciência, não há que se falar em cidadania, os controles não terão efetividade, serão meramente simbólicos e, nos termos do relatório de capital humano, o desenvolvimento dos habitantes não ocorrerá, tampouco se converterá em (qualquer) vantagem – econômica ou não - para o país.

Infelizmente os dados são atualizados, mas essa constatação não é nova, como já havia registrado Jaime Pinsky:

> de repente descobriram a cidadania: autoritários viraram baluartes de reivindicações populares, a forme virou tema de televisão, discriminação e racismo frequentam os papos dos bares da moda. Cada qual tem a sua opinião a respeito, mas uma coisa pelo menos todos têm em comum: cabe ao professor papel fundamental na formação de jovens com consciência de cidadania plena, direitos e deveres. (PINSKY, 1993, p.29).
>
> [...]
>
> Anos atrás membros destacados da comunidade, formando em muitas cidades do interior parceria com juízes e promotores como os membros intelectualizados da sociedade, os professores do ensino básico são hoje, em quase todo o Brasil, sinônimo de fracasso profissional, de decadência econômica e

> de desprestígio social. É a este professor que hoje nos dirigimos solicitando aulas de cidadania, a este professor que não tem sequer o dinheiro necessário para comprar livros, instrumentos básicos para sua formação, tão necessários quanto o estetoscópio para o médico ou a pá para o pedreiro. Este professor que, quando lê, o faz apenas no livro didático que adotou para seus alunos e que acaba funcionando como única fonte de informações também para ele. (PINSKY, 1993, p.30).
>
> [...]
>
> O fato, porém, é que ações eventuais ou isoladas não são suficientes. Nosso sistema educacional necessita de uma ampla reforma, para a qual, afirmo sem medo, temos recursos humanos potencialmente capazes. Dinheiro é necessário, mas não é tudo: mais prefeituras chegam ao final do exercício sem conseguir, por falta de projetos, gastar toda a verba que, por lei, são obrigadas a empregar na educação. Por outro lado, professores sobrevivem no limite da miséria [...]
>
> **Falta, antes de tudo, uma real conscientização da sociedade com relação à importância da educação no mundo moderno e da total impossibilidade de nos tornarmos uma nação de cidadãos sem uma ação conjunta e coerente no sentido da superação de nosso atraso nesse setor.** Para ensinar a cidadania o professor tem de ser tratado como cidadão. E isto só vai ocorrer quando uma forte e irresistível vontade política empolgar a Nação. (PINSKY, 1993, p.31, destaque nosso).

Contudo, nota-se que os investimentos em educação no Brasil têm aumentado.

Segundo dados do Ministério da Educação (MEC), o percentual de investimento público total em educação em relação ao PIB passou de 4,7% em 2000 para 6,1% em 2011. Essa evolução do investimento total direto pode ser verificada na tabela 2 a seguir:

Tabela 2 – Histórico da Estimativa do Percentual do Investimento Público Total em Educação em Relação ao Produto Interno Bruto (PIB), por Nível de Ensino - Brasil 2000 – 2011

Ano	Percentual do Investimento Público Total em relação ao PIB (%)						
	Todos os Níveis de Ensino	Níveis de Ensino					
		Educação Básica	Educação Infantil	Ensino Fundamental		Ensino Médio	Educação Superior
				De 1ª a 4ª séries ou anos iniciais	De 5ª a 8ª séries ou anos finais		
2000	**4,7**	3,7	0,4	1,5	1,2	0,6	0,9
2001	**4,8**	3,8	0,4	1,4	1,3	0,7	0,9
2002	**4,8**	3,8	0,4	1,7	1,3	0,5	1,0
2003	**4,6**	3,7	0,4	1,5	1,2	0,6	0,9
2004	**4,5**	3,6	0,4	1,5	1,3	0,5	0,8
2005	**4,5**	3,7	0,4	1,5	1,3	0,5	0,9
2006	**5,0**	4,1	0,4	1,6	1,5	0,6	0,8
2007	**5,1**	4,3	0,4	1,6	1,5	0,7	0,8
2008	**5,5**	4,6	0,4	1,7	1,7	0,8	0,9
2009	**5,7**	4,8	0,4	1,9	1,8	0,8	0,9
2010	**5,8**	4,9	0,4	1,8	1,7	0,9	0,9
2011	**6,1**	5,0	0,5	1,8	1,7	1,1	1,0

Fonte: Inep/MEC - Tabela elaborada pela DEED/Inep. (BRASIL, 2013m)

Notas:

1 - Utilizaram-se os seguintes grupos de Natureza de Despesa: Pessoal Ativo e Encargos Sociais (inclusive, a estimativa para complemento da aposentadoria futura do pessoal ativo), outras Despesas Correntes, Investimentos e Inversões Financeiras;

2 - Estão computados nos cálculos os recursos para bolsa de estudo, financiamento estudantil e a modalidade de aplicação: Transferências Correntes e de Capital ao Setor Privado;

3 - Não se incluem nestas informações as seguintes despesas: aposentadorias e reformas, pensões, juros e encargos da dívida, e amortizações da dívida da área educacional;

4 - Os investimentos em Educação Especial, Educação de Jovens e Adultos e Educação Indígena foram distribuídos na Educação Infantil, no Ensino Fundamental anos iniciais e anos finais e no Ensino Médio, dependendo do nível de ensino ao qual fazem referência. No Ensino Médio estão computados os valores da Educação Profissional (concomitante, subsequente e integrado);

5 - A Educação Superior corresponde aos cursos superiores em Tecnologia, demais cursos de Graduação (exceto cursos sequenciais) e cursos de pós-graduação Stric-

to Sensu - Mestrado, Mestrado Profissional e Doutorado (excetuando-se as especializações Lato Sensu);

6 - Estes dados referem-se aos investimentos em educação consolidados do Governo Federal, dos Estados e do Distrito Federal e dos Municípios;

7 - Para os anos de 2000 a 2003, estão contabilizados na área educacional, os valores despendidos pelo Governo Federal para o Programa Bolsa-Escola;

8 - Nos dados enviados para a Organização para a Cooperação e Desenvolvimento Econômico (OCDE) nos anos anteriores a 2004, não estão alocados os valores do complemento para a aposentadoria futura do pessoal ativo;

9 - Entre os anos de 2000 e 2005: para os dados estaduais, foi utilizada como fonte de informações, um trabalho técnico realizado pelo Inep diretamente dos balanços financeiros de cada estado; para os dados municipais do mesmo período, utilizou-se uma metodologia baseada no percentual mínimo de aplicação de cada município, definido pela legislação vigente;

10 - A partir de 2006, utilizaram-se como fontes de dados estaduais e municipais, o Sistema de Informações sobre Orçamento Público em Educação - Siope -, administrado pelo Fundo Nacional de Desenvolvimento da Educação - FNDE;

11 - Os dados da União foram coletados do Sistema Integrado de Administração Financeira - Siafi/STN - para todos os anos;

12 - Para o cálculo dos valores de Investimentos Públicos em Educação, utilizaram-se as seguintes fontes de dados primários:
- Instituto Nacional de Estudos e Pesquisas Educacionais Anísio Teixeira - Inep/MEC; - Secretaria do Tesouro Nacional (STN); - FNDE; - Balanço Geral dos Estados e do Distrito Federal; - Coordenação de Aperfeiçoamento de Pessoal de Nível Superior (Capes); - Instituto de Pesquisa Econômica Aplicada (Ipea); - Instituto Brasileiro de Geografia e Estatística (IBGE); - Caixa Econômica Federal (CEF); - Conselho Nacional de Desenvolvimento Científico e Tecnológico (CNPq).

Esses dados foram confirmados também pela Organização para Cooperação e Desenvolvimento Econômico (OCDE)[5] nos resultados de seus relatórios[6] que mostram que os números do investimento do Brasil em educação têm avançado.

---

5 A OCDE é um órgão internacional e intergovernamental, composta por 34 membros, que reúne os países mais industrializados e também alguns emergentes como México, Chile e Turquia. Por meio da OCDE, os representantes se reúnem para trocar informações e alinhar políticas com o objetivo de potencializar seu crescimento econômico e colaborar com o desenvolvimento de todos os demais países membros. (BRASIL, 2014).

6 Dados disponíveis no sítio eletrônico da OECD: (OECD, 2013)

Não se pode perder de vista que os números retratam a média de valores investidos em nível nacional, não levando em conta a desigualdade de investimentos entre os estados-membros.

Ainda existe muita desigualdade entre as regiões do país[7], ainda há crianças sem escola e a qualidade do ensino precisa melhorar, mas os avanços não podem ser ignorados.

Nesse sentido, em 10 de setembro de 2013 foi publicada a Lei nº 12.858, que dispõe sobre a **destinação** de parcela da participação no resultado ou da compensação financeira pela exploração de petróleo e gás natural **para as áreas de educação e saúde**, com a finalidade de cumprimento da meta prevista no inciso VI do *caput* do art. 214 e no art. 196 da Constituição Federal. (BRASIL, 2013n).

A Lei 12.858/2013 dispõe que serão destinados exclusivamente para a educação pública, com prioridade para a educação básica, e para a saúde, os recursos provenientes dos royalties da exploração do petróleo na camada do pré-sal, determinando que sejam aplicados 75% (setenta e cinco por cento) na área de educação e de 25% (vinte e cinco por cento) na área de saúde. (BRASIL, 2013n).

Ainda em 2013, em 31 de dezembro, foi assinado o substitutivo do Senado ao Projeto de Lei da Câmara Nº 103, de 2012 (BRASÍLIA, 2012) (PL nº 8.035, de 2010, na Casa de origem), que aprova o Plano Nacional de Educação (PNE) e dá outras providências[8].

O Substitutivo trata da execução do Plano Nacional de Educação em seu art. 5º, cujo § 3º dispõe:

> durante a vigência deste PNE, **o investimento público em educação será ampliado progressivamente, de forma a atingir, no mínimo, os percentuais de 7% (sete por cento) e 10% (dez por cento) do PIB do País**, no quinto e no décimo anos de vigência desta Lei, respectivamente. (BRASÍLIA, 2012, destaque nosso).

---

7 Conforme demonstram dados divulgados no "Atlas do Desenvolvimento Humano Brasil 2013" elaborado pelo Programa das Nações Unidas para o Desenvolvimento - PNUD: (ATLAS..., 2013).

8 BRASÍLIA, 2012, e todos os textos referentes ao PNE e sua tramitação podem ser verificados pela internet.

E, ainda, o § 6º determina que:

> **Será destinada à manutenção e ao desenvolvimento do ensino**, em acréscimo aos recursos vinculados nos termos do art. 212 da Constituição Federal, além de outros recursos previstos em lei, **a parcela da participação no resultado ou da compensação financeira pela exploração de petróleo e de gás natural**, na forma de lei específica, com a finalidade de assegurar o cumprimento da meta prevista no art. 214, inciso VI, da Constituição Federal e o disposto no § 3º do art. 5º desta Lei. (BRASÍLIA, 2012, destaque nosso).

Todos esses investimentos relatados acima - além de outros programas como ProUni, SISU, SISUTEC, PRONATEC, Ciência sem Fronteiras, além do FIES e do sistema de cotas[9] - certamente trarão impactos significativos no contexto de maior educação e, por conseguinte, maior consciência cidadã.

Enfim, a educação é proposta como solução para aumentar e amadurecer o grau de consciência da sociedade, especialmente quanto à relevância de sua participação na Administração Pública trazendo, assim, efetividade para os

---

9 O Programa Universidade para Todos - ProUni tem como finalidade a concessão de bolsas de estudo integrais e parciais em cursos de graduação e sequenciais de formação específica, em instituições de ensino superior privadas: <http://prouniportal.mec.gov.br/>; o Sistema de Seleção Unificada - SISU é o sistema informatizado do Ministério da Educação por meio do qual instituições públicas de ensino superior oferecem vagas a candidatos participantes do Exame Nacional do Ensino Médio - Enem: <http://sisu.mec.gov.br/>; o Sistema de Seleção Unificada da Educação Profissional e Tecnológica - SISUTEC é o sistema informatizado, gerenciado pelo Ministério da Educação (MEC), no qual instituições públicas e privadas de ensino superior e de educação profissional e tecnológica oferecem vagas gratuitas em cursos técnicos na forma subsequente para candidatos participantes do Exame Nacional do Ensino Médio (Enem): <http://sisutec.mec.gov.br/>; o Programa Nacional de Acesso ao Ensino Técnico e Emprego - PRONATEC tem o objetivo de ampliar a oferta de cursos de educação profissional e tecnológica: <http://pronatec.mec.gov.br/>; o Ciência sem fronteiras é um programa que busca promover a consolidação, expansão e internacionalização da ciência e tecnologia, da inovação e da competitividade brasileira por meio do intercâmbio e da mobilidade internacional, através de concessão de bolsas de estudo no exterior: <http://www.cienciasemfronteiras.gov.br/web/csf>; o Fundo de Financiamento Estudantil - FIES é um programa do Ministério da Educação destinado a financiar a graduação na educação superior de estudantes matriculados em instituições não gratuitas: <http://sisfiesportal.mec.gov.br/> e o sistema de cotas, regulado pela Lei 12.711/2012 (BRASIL, 2012e) e o Decreto 7.824/2012 (BRASIL, 2012f), estabelece que todas as universidades e institutos federais terão que reservar 25%, ou seja, 1/4 das suas vagas para alunos das escolas públicas, sendo metade destinada para estudantes com renda mensal familiar até um salário mínimo e meio, devendo levar em conta ainda critérios de cor ou raça, seguindo dados estatísticos do Instituto Brasileiro de Geografia e Estatística – IBGE: <http://portal.mec.gov.br/cotas/>.

novos controles, contudo, quanto às dificuldades, identificação de fatores que interferem na realização adequada, enfim, a discussão quanto ao atual sistema educacional, esses são temas a serem tratados em nova pesquisa.

Dessa forma, a adoção dessas diretrizes representa um desafio, pois a sociedade precisa estar apta e consciente para atender ao chamado para participar das escolhas estatais, para construir as políticas públicas que concretizam os direitos sociais, como titular e destinatária do interesse público, concebendo daí a boa administração.

6
CONCLUSÃO

A presente dissertação analisou o controle da Administração Pública, em especial os chamados "novos controles", para ao final, trazer uma proposta para sua efetivação como relevantes instrumentos para a construção de uma gestão mais democrática.

Nesse estudo, sempre tendo em vista a participação da sociedade como princípio primordial do Estado de Direito Democrático, verificou-se que o controle incide sobre toda a Administração Pública, compreendida por todos os órgãos e entidades que a compõem.

Foi necessário demonstrar a existência de controles clássicos ou tradicionais, já consagrados no âmbito do Estado brasileiro, verificando suas características e pontos positivos, posto que já consolidados e em atividade.

Assim, foi reconhecido o papel preponderante da Controladoria-Geral da União – CGU como órgão principal do controle interno no Brasil, exercendo importantes ações no sentido de consolidar o controle interno da atividade estatal como mais uma ferramenta que promove cidadania, previne e controla a corrupção, estimulando também o controle social, o controle realizado pela sociedade.

Quanto ao controle externo, foram demonstradas, de forma breve, as atividades do controle exercido pelo Poder Legislativo (controle parlamentar) e pelo Tribunal de Contas (controle financeiro), destacando-se, contudo, que em algumas situações os Tribunais de Contas têm agido além das competências que lhes foram atribuídas, em desconformidade ao modelo jurídico estabelecido pela Constituição.

Ainda quanto aos controles clássicos, importa colocar que o controle jurisdicional, que tem como características a inafastabilidade da jurisdição e a imparcialidade do Poder Judiciário, garante que o princípio insculpido na norma do art. 5º, XXXV, CR/88 seja um dos sustentáculos do Estado de direito.

A esses controles, verificou-se que somam-se o controle social e de políticas públicas, como "novos controles", direcionados à boa governança – ou boa administração – como direito de todo administrado.

O controle social, como o nome diz, é realizado pela sociedade, por um particular, de forma individual ou mesmo coletiva, e já está previsto e amparado por fundamentos normativos vários, constantes do ordenamento jurídico pátrio, constitucional e infraconstitucional, com destaque para a consulta e a audiência pública.

Entretanto, para que seja possível viabilizar a participação popular ativa e consciente por meio do controle social e das políticas públicas, conclui-se que é fundamental que haja uma política de acesso à informação e transparência da Administração Pública, com a criação de mecanismos de *accountability*. Termo este compreendido como responsabilidade no trato da coisa pública, com transparência e prestação de contas.

Percorreu-se a ordem internacional, desde a Declaração dos Direitos do Homem e do Cidadão de 1789 até o ano de 2011, no século XXI, com o objetivo de demonstrar o reconhecimento do acesso à informação como direito humano fundamental, alicerçado na garantia de liberdade de expressão, apontando a necessidade de regulamentação específica para viabilizar o exercício desse direito na prática. O que ocorreu no Brasil por meio da edição da importante Lei 12.527/2011, a Lei de Acesso à Informação.

Verificou-se que os "novos controles" guardam estreita relação com o combate à corrupção, por meio, repita-se, do importante instrumento que é o acesso à informação.

Restou claro que uma estrutura de controle adequada e fortalecida exerce não apenas função punitiva, mas também preventiva, revelando assim eficiência e, consequentemente, promovendo a boa governança.

Nesse sentido, comprova-se a relevância do controle exercido pelo Ministério Público, notadamente por meio de atividades extrajudiciais nos casos de ausência, insuficiência ou inoperância das políticas públicas, utilizando-se especialmente o TAC – termo ou compromisso de ajustamento de conduta - previsto no artigo 5º, § 6º da Lei 7.347/1985 que disciplina a ação civil pública.

Verificando-se a experiência da Europa, concluiu-se que a figura do *Ombudsman*, se implantado de acordo com sua concepção original, favorece o diálogo entre a sociedade e a Administração Pública, fomentando o controle desta e a garantia de efetividade dos direitos assegurados aos cidadãos.

Para construir uma resposta satisfatória à pergunta sobre o conhecimento, manejo e exercício dos diversos controles sociais e de políticas públicas pela população, de maneira geral, foi necessário analisar alguns dados estatísticos, concluindo-se que a deficiência em relação à participação da população está ligada à necessidade (i) de mais Educação e, assim, (ii) da formação de uma consciência cidadã.

Destarte, haveriam condições que possibilitassem a melhora no grau de consciência dos usuários e, então, quanto mais mecanismos de controle estiverem à disposição dessa população ativa e consciente, maior será a oportunidade e o interesse de participação, e então, maior será o controle e o combate à corrupção, formando um "ciclo virtuoso".

Dessa forma, o objetivo intentado com este estudo foi alcançado, tendo-se que os novos controles não excluem o "controle tradicional", nem se sobrepõem a este. Não servem para substituir o controle institucional-tradicional, mas sim para informar e dirigir novas formas de participação do Povo, nos controles da atuação da Administração Pública, aproximando-se do ideal democrático que norteia o programa de "vida boa" definido pela Constituição brasileira de 1988.

E, além disso, verificando-se que o controle social, por exemplo, depende do "controle oficial" por assim dizer para ter eficácia, de modo que sua atuação deve ser unida, de modo harmonioso, estabelecendo uma conjugação entre todos os procedimentos de controle.

REFERÊNCIAS

ATLAS DO DESENVOLVIMENTO Humano no Brasil. **O atlas.** Disponível em: <http://www.atlasbrasil.org.br/2013/pt/o_atlas/o_atlas_/>. Acesso em: 23 nov. 2013

BBC, Brasil. Brasil fica em penúltimo lugar em ranking global de qualidade de educação. **BBC Brasil**, Brasília, 27 nov. 2012. Disponível em: <http://www.bbc.co.uk/portuguese/noticias/2012/11/121127_educacao_ranking_eiu_jp.shtml>. Acesso em: 23 nov. 2013.

BRASIL. Constituição de 1988. Constituição da República Federativa do Brasil de 1988. **Diário Oficial da União,** Brasília, 5 de outubro de 1988. Disponível em: <http://www.planalto.gov.br/ccivil_03/constituicao/constituicao.htm> Acesso em: 10 out. 2013.

BRASIL. **Controladoria-Geral da União:** Combate à corrupção e promoção da transparência pública no Brasil. nov. 2012a. Disponível em: <http://www.cgu.gov.br/Publicacoes/Portifolio/arquivos/portifolio_CGU.pdf. Acesso em: 10 out. 2013.

BRASIL. Controladoria-Geral da União. **Organograma.** Disponível em: <http://www.cgu.gov.br/CGU/Organograma/index.asp>. Acesso em: 10 out. 2013c.

BRASIL. Controladoria-Geral da União. **Controle interno, prevenção e combate à corrupção**: Ações da CGU em 2008. 2008a. Disponível em: <http://www.cgu.gov.br/Publicacoes/BalancoAcoes2008/Arquivos/balanco2008_portugues.pdf>. Acesso em: 10 out. 2013.

BRASIL. Controladoria-Geral da União. **Fortalecimento da gestão pública.** Disponível em: < http://www.cgu.gov.br/PrevencaodaCorrupcao/ControleSocial/FortalecimentoGestao/index.asp>. Acesso em: 2013d.

BRASIL. Controladoria-Geral da União. **Manual de Integridade Pública e Fortalecimento da Gestão**: Orientações para o Gestor Municipal / Presidência da República, Controladoria-Geral da União. 3. ed. Brasília: CGU, 2013a.

BRASIL. Controladoria-Geral da União. Secretaria de Prevenção da Corrupção e Informações Estratégicas. **Controle Social**: Orientações aos cidadãos para participação na gestão pública e exercício do controle social. 2. ed. Coleção Olho Vivo/CGU. Brasília: 2010. Disponível em: <http://www.cgu.gov.br/Publicacoes/CartilhaOlhoVivo/Arquivos/ControleSocial.pdf>. Acesso em: 06 nov. 2013.

BRASIL. Controladoria-Geral da União. **Acesso à Informação Pública**: Uma introdução à Lei n. 12.527/2011, de 18 de novembro de 2011. Brasília, 2011c. Disponível em: <http://www.cgu.gov.br/Publicacoes/CartilhaAcessoaInformacao/CartilhaAcessoaInformacao.pdf>. Acesso em: 06 nov. 2013.

BRASIL. Controladoria-Geral da União. **Relatório de atividades 2011**. Ouvidoria-Geral da União. Brasília, 2012d. 24p. Disponível em: <http://www.cgu.gov.br/Publicacoes/RelatAtividadesOuvidoria/Arquivos/rel_anual2011.pdf> Acesso em: 26 nov. 2013.

BRASIL. Decreto nº 4.177, de 28 de Março de 2002. Transfere para a Corregedoria-Geral da União as competências e as unidades administrativas da Casa Civil da Presidência da República e do Ministério da Justiça que especifica e dá outras providências. **Diário Oficial da União**. Brasília, 1 abr. 2002a. Disponível em: <http://www.planalto.gov.br/ccivil_03/decreto/2002/D4177.htm> Acesso em: 05 nov. 2013.

BRASIL. Decreto nº 7.053 de 23 de dezembro de 2009. Institui a Política Nacional para a População em Situação de Rua e seu Comitê Intersetorial de Acompanhamento e Monitoramento, e dá outras providências. **Diário Oficial da União,** Brasília, 24 dez. 2009. Disponível em: <http://www.planalto.gov.br/ccivil_03/_Ato2007-2010/2009/Decreto/D7053.htm> Acesso em: 26 jan. 2014.

BRASIL. Decreto nº 7.824, de 11 de outubro de 2012. Regulamenta a Lei no 12.711, de 29 de agosto de 2012, que dispõe sobre o ingresso nas universidades federais e nas instituições federais de ensino técnico de nível médio. **Diário Oficial da União,** Brasília, 16 out. 2012f. Disponível em: < http://www.planalto.gov.br/ccivil_03/_ato2011-2014/2012/Decreto/D7824.htm>. Acesso em: 26 jan. 2014.

BRASIL. Decreto nº 8.109, de 17 de setembro de 2013. Aprova a Estrutura Regimental e o Quadro Demonstrativo dos Cargos em Comissão e das Funções Gratificadas da Controladoria-Geral da União e remaneja cargos em comissão. **Diário Oficial da União,** Brasília, 18 set. 2013j. Disponível em: <https://www.planalto.gov.br/ccivil_03/_ato2011-2014/2013/decreto/d8109.htm> Acesso em: 05 nov. 2013.

BRASIL. Decreto-Lei nº 200/67. Dispõe sôbre a organização da Administração Federal, estabelece diretrizes para a Reforma Administrativa e dá outras providências. **Diário Oficial da União,** 17 set. 1967. Disponível em: < http://www.planalto.gov.br/ccivil_03/decreto-lei/del0200.htm>. Acesso em: 10 out. 2013.

BRASIL. gov. br. **Governo eletrônico**. Disponível em: <http://www.governoeletronico.gov.br/. Acesso em: 05 nov. 2013h.

BRASIL. Governo Federal. **Dados abertos**. Disponível em: http://dados.gov.br/>. Acesso em: 05 nov. 2013i.

BRASIL. Instituto Nacional de Estudos e Pesquisas Educacionais Anísio Teixeira (INEP). **Histórico de 2000 a 2011.** Brasília. Disponível em: <http://portal.inep.gov.br/web/guest/estatisticas-gastoseducacao-indicadores_financeiros-p.t.i._nivel_ensino.htm>. Acesso em: 10 out. 2013m.

BRASIL. Lei Complementar nº 101, de 4 de maio de 2000. Estabelece normas de finanças públicas voltadas para a responsabilidade na gestão fiscal e dá outras providências. **Diário Oficial da União,** Brasília, 4 maio 2000. Disponível em: <http://www.planalto.gov.br/ccivil_03/Leis/LCP/Lcp101.htm> Acesso em: 10 out. 2013.

BRASIL. Lei nº 4.320, de 17 de março de 1964. Estatui Normas Gerais de Direito Financeiro para elaboração e contrôle dos orçamentos e balanços da União, dos Estados, dos Municípios e do Distrito Federal. **Diário Oficial da União,** Brasília, 03 jun. 1964. Disponível em: < http://www.planalto.gov.br/ccivil_03/leis/l4320.htm>. Acesso em: 10 out. 2013.

BRASIL. Lei nº 7.347, de 24 de julho de 1985. Disciplina a ação civil pública de responsabilidade por danos causados ao meio-ambiente, ao consumidor, a bens e direitos de valor artístico, estético, histórico, turístico e paisagístico (VETADO) e dá outras providências. **Diário Oficial da União,** Brasília, 24 jul. 1985. Disponível em: <http://www.planalto.gov.br/ccivil_03/leis/l7347orig.htm>. Acesso em: 25 nov. 2013.

BRASIL. Lei nº 8.443, de 16 de julho de 1992. Dispõe sobre a Lei Orgânica do Tribunal de Contas da União e dá outras providências. **Diário Oficial da União,** Brasília, 17 jul. 1992a. Disponível em:< <http://www.planalto.gov.br/ccivil_03/leis/l8443.htm> Acesso em: 18 out. 2013.

BRASIL. Lei nº 8.490, de 19 de novembro de 1992. Dispõe sobre a organização da Presidência da República e dos Ministérios e dá outras providências. **Diário Oficial da União,** Brasília, 19 nov. 1992b. Disponível em: <http://www.planalto.gov.br/ccivil_03/leis/L8490.htm>. Acesso em: 25 nov. 2013.

BRASIL. Lei nº 8.625, de 12 de fevereiro de 1993. Institui a Lei Orgânica Nacional do Ministério Público, dispõe sobre normas gerais para a organização do Ministério Público dos Estados e dá outras providências. **Diário Oficial da União,** Brasília, 15 fev. 1993b. Disponível em: <http://www.planalto.gov.br/ccivil_03/leis/l8625.htm>. Acesso em: 12 nov. 2013.

BRASIL. Lei nº 8.666, de 21 de junho de 1993. Regulamenta o art. 37, inciso XXI, da Constituição Federal, institui normas para licitações e contratos da Administração Pública e dá outras providências. **Diário Oficial da União,**

Brasília, 22 jun. 1993a. Disponível em: <http://www.planalto.gov.br/ccivil_03/leis/l8666cons.htm> Acesso em: 08 nov. 2013.

BRASIL. Lei nº 8.987, de 13 de fevereiro de 1995. Dispõe sobre o regime de concessão e permissão da prestação de serviços públicos previsto no art. 175 da Constituição Federal, e dá outras providências. **Diário Oficial da União,** Brasília, 14 fev. 1995a. Disponível em: <http://www.planalto.gov.br/ccivil_03/leis/l8987cons.htm> Acesso em: 11 nov. 2013.

BRASIL. Lei nº 9.074, de 7 de julho de 1995. Estabelece normas para outorga e rorrogações das concessões e permissões de serviços públicos e dá outras providências. **Diário Oficial da União,** Brasília, 8 jul. 1995b. Disponível em: <http://www.planalto.gov.br/ccivil_03/leis/l9074cons.htm> Acesso em: 11 nov. 2013.

BRASIL. Lei nº 9.784, de 29 de janeiro de 1999. Regula o processo administrativo no âmbito da Administração Pública Federal. **Diário Oficial da União,** Brasília, 1 fev. 1999a. Disponível em: <http://www.planalto.gov.br/ccivil_03/leis/L9784.htm> Acesso em: 11 nov. 2013.

BRASIL. Lei nº 9.868, de 10 de novembro de 1999. Dispõe sobre o processo e julgamento da ação direta de inconstitucionalidade e da ação declaratória de constitucionalidade perante o Supremo Tribunal Federal. **Diário Oficial da União,** Brasília, 11 nov. 1999b. Disponível em: <http://www.planalto.gov.br/ccivil_03/leis/l9868.htm> Acesso em: 12 nov. 2013.

BRASIL. Lei nº 10.257, de 10 de julho de 2001. Regulamenta os arts. 182 e 183 da Constituição Federal, estabelece diretrizes gerais da política urbana e dá outras providências. **Diário Oficial da União,** Brasília, 11 jul. 2001b. Disponível em: <http://www.planalto.gov.br/ccivil_03/leis/leis_2001/l10257.htm> Acesso em: 12 nov. 2013.

BRASIL. Lei nº 10.683, de 28 de maio de 2003. Dispõe sobre a organização da Presidência da República e dos Ministérios, e dá outras providências. **Diário Oficial da União,** Brasília, 29 maio 2003. Disponível em: <http://www.planalto.gov.br/ccivil_03/leis/2003/l10.683.htm>. Acesso em: 05 nov. 2013.

BRASIL. Lei nº 11.079, de 30 de dezembro de 2004. Institui normas gerais para licitação e contratação de parceria público-privada no âmbito da administração pública. **Diário Oficial da União,** Brasília, 31 de dez. 2004. Disponível em: <http://www.planalto.gov.br/ccivil_03/_ato2004-2006/2004/lei/l11079.htm>. Acesso em: 12 nov. 2013.

BRASIL. Lei nº 12.527, de 18 de novembro de 2011. Regula o acesso a informações previsto no inciso XXXIII do art. 5o, no inciso II do § 3o do art. 37 e no § 2o do art. 216 da Constituição Federal; altera a Lei no 8.112, de 11 de dezembro de 1990; revoga a Lei no 11.111, de 5 de maio de 2005, e dispositivos da Lei no 8.159, de 8 de janeiro de 1991; e dá outras providências. **Diário Oficial da União,** Brasília, 18 nov. 2011c. Disponível em: <http://www.planalto.gov.br/ccivil_03/_Ato2011-2014/2011/Lei/L12527.htm> Acesso em: 10 out. 2013.

BRASIL. Lei nº 12.711, de 29 de agosto de 2012. Dispõe sobre o ingresso nas universidades federais e nas instituições federais de ensino técnico de nível médio e dá outras providências. **Diário Oficial da União**, Brasília, 30 ago. 2012e. Disponível em: http://www.planalto.gov.br/ccivil_03/_ato2011-2014/2012/lei/l12711.htm>. Acesso em: 10 out. 2013.

BRASIL. Lei nº 12.846, de 1º de agosto de 2013. Dispõe sobre a responsabilização administrativa e civil de pessoas jurídicas pela prática de atos contra a administração pública, nacional ou estrangeira, e dá outras providências. **Diário Oficial da União,** Brasília, 2 ago. 2013l. Disponível em: http://www.planalto.gov.br/ccivil_03/_ato2011-2014/2013/lei/l12846.htm>. Acesso em: 22 jan. 2014.

BRASIL. Lei nº 12.858, de 9 de setembro de 2013. Dispõe sobre a destinação para as áreas de educação e saúde de parcela da participação no resultado ou da compensação financeira pela exploração de petróleo e gás natural, com a finalidade de cumprimento da meta prevista no inciso VI do *caput* do art. 214 e no art. 196 da Constituição Federal; altera a Lei nº 7.990, de 28 de dezembro de 1989; e dá outras providências. **Diário Oficial da União,** Brasília, 10 set. 2013n. Disponível em: <http://www.planalto.gov.br/ccivil_03/_Ato2011-2014/2013/Lei/L12858.htm>. Acesso em: 27 jan. 2014.

BRASIL. Lei nº 13.341, de 29 de setembro de 2016. Altera as Leis nos 10.683, de 28 de maio de 2003, que dispõe sobre a organização da Presidência da República e dos Ministérios, e 11.890, de 24 de dezembro de 2008, e revoga a Medida Provisória no 717, de 16 de março de 2016. **Diário Oficial da União,** Brasília, 30 set. 2016. Disponível em: < http://www.planalto.gov.br/ccivil_03/_Ato2015-2018/2016/Lei/L13341.htm>. Acesso em: 28 dez. 2017.

BRASIL. Lei nº 13.502, de 1º de novembro de 2017. Estabelece a organização básica dos órgãos da Presidência da República e dos Ministérios; altera a Lei no 13.334, de 13 de setembro de 2016; e revoga a Lei no 10.683, de 28 de maio de 2003, e a Medida Provisória no 768, de 2 de fevereiro de 2017. **Diário Oficial da União**, Brasília, 03 nov. 2017. Disponível em: <http://www.planalto.gov.br/ccivil_03/_ato2015-2018/2017/Lei/L13502.htm>. Acesso em: 01 fev. 2018.

BRASIL. Medida Provisória nº 2.143-31, de 2 de Abril de 2001. Altera dispositivos da Lei no 9.649, de 27 de maio de 1998, que dispõe sobre a organização da Presidência da República e dos Ministérios, e dá outras providências. **Diário Oficial da União**. Brasília, 3 abr. 2001a. Disponível em: <http://www.planalto.gov.br/ccivil_03/mpv/Antigas_2001/2143-31.htm>. Acesso em: 05 nov. 2013.

BRASIL. Medida Provisória nº 726, de 12 de Maio de 2016. Altera e revoga dispositivos da Lei no 10.683, de 28 de maio de 2003, que dispõe sobre a organização da Presidência da República e dos Ministérios. **Diário Oficial da União**. Brasília, 12 mai. 2016a. Disponível em: <http://www.planalto.gov.br/ccivil_03/_Ato2015-2018/2016/Mpv/mpv726.htm>. Acesso em: 28 dez. 2017.

BRASIL. Medida Provisória nº 782, de 31 de Maio de 2017. Estabelece a organização básica dos órgãos da Presidência da República e dos Ministérios. **Diário Oficial da União**. Brasília, 31 mai. 2017a. Disponível em: <http://www.planalto.gov.br/ccivil_03/_ato2015-2018/2017/Mpv/mpv782.htm>. Acesso em: 01 fev. 2018.

BRASIL. Ministério da Fazenda. **Tesouro nacional**. Disponível em: <https://www.tesouro.fazenda.gov.br/>. Acesso em: 05 nov. 2013g.

BRASIL. Ministério da Justiça. **Departamento penitenciário nacional (DEPEN):** sistema penitenciário no Brasil dados consolidados. Execução Penal. InfoPen. 2008b. 56p. Disponível em: <http://portal.mj.gov.br/main.asp?View={D574E9CE=3-7CD437-A-5A6B22166-A2D896E}&BrowserType-IE&LangID=pt-br&params=itemID%3D%7B598A21D8-92E4-44B5-943A-0AEE5DB94226%7D%3B&UIPartUID=%7B2868BA3C-1C72-4347-BE-11-A26F70F4CB26%7D> Acesso em: 24 jan. 2014.

BRASIL. Ministério do Planejamento, Orçamento e Gestão. **Comprasnet:** portal de compras do governo federal. Disponível em: http://www.comprasnet.gov.br/>. Acesso em: 05 nov. 2013f.

BRASIL. Ponto de Contato Nacional para as diretrizes da OCDE. **Organização para Cooperação e Desenvolvimento Econômico.** Disponível em: <http://www1.fazenda.gov.br/sain/pcn/PCN/ocde.asp>. Acesso em: 23 jan. 2014.

BRASIL. **Portal da transparência.** Disponível em: < http://www.portaldatransparencia.gov.br/>. Acesso em: 10 out. 2013b.

BRASIL. Portal da transparência. **Controle social:** orçamento participativo. Disponível em: < http://www.portaldatransparencia.gov.br/controleSocial/OrcamentoParticipativo.asp>. Acesso em: 10 out. 2013k.

BRASIL. Planalto gov.br. **Discurso da Presidenta da República, Dilma Rousseff, durante cerimônia de sanção do projeto de Lei que garante o acesso a informações públicas e do projeto de Lei que cria a Comissão Nacional da Verdade - Brasília/DF.** Palácio do Planalto, Imprensa, 18 nov. 2011b. Disponível em: <http://www2.planalto.gov.br/imprensa/discursos/discurso-da-presidenta-da-republica-dilma-rousseff-durante-cerimonia-de-sancao-do-projeto-de-lei-que-garante-o-acesso-a-informacoes-publicas-e-do-projeto-de-lei-que-cria-a-comissao-nacional-da-verdade>. Acesso em: 13 nov. 2013.

BRASIL. Supremo Tribunal Federal. Súmula nº 346, de 13 de dezembro de 1963. Súmula da Jurisprudência Predominante do Supremo Tribunal Federal – Anexo ao Regimento Interno. **Imprensa Nacional**, Brasília, 1964a, p. 151. Disponível em: <http://www.stf.jus.br/portal/jurisprudencia/listarJurisprudencia.asp?s1=346.NUME.%20NAO%20S.FLSV.&base=baseSumulas> Acesso em: 21 jan. 2014.

BRASIL. Supremo Tribunal Federal. Súmula nº 473, de 3 de dezembro de 1969. **Diário de Justiça**, Brasília, 10 dez. 1969, p. 5929. Disponível em: <http://www.stf.jus.br/portal/jurisprudencia/listarJurisprudencia.asp?s1=473.NUME.%20NAO%20S.FLSV.&base=baseSumulas> Acesso em: 21 jan. 2014.

BRASIL. Supremo Tribunal Federal. ADI 461, Rel. Min. Carlos Velloso, julgamento em 8-8-2002, Plenário. **Diário de Justiça**, Brasília, 6 set. 2002b.

BRASIL. Supremo Tribunal Federal. ADI 916, Rel. Min. Joaquim Barbosa, julgamento em 2-2-2009, Plenário. **Diário de Justiça Eletrônico**, Brasília, 6 mar. 2009a.

BRASIL. Supremo Tribunal Federal. AI 765.470-AgR, rel. min. Rosa Weber, julgamento em 18-12-2012, Primeira Turma. **Diário de Justiça Eletrônico**, Brasília, 19 fev. 2013e.

BRASIL. Supremo Tribunal Federal. AI 826.676-AgR, Rel. Min. Gilmar Mendes, julgamento em 8-2-2011, Segunda Turma. **Diário de Justiça Eletrônico**, Brasília, 24 fev. 2011a.

BRASIL. Supremo Tribunal Federal. RE 223.037, Rel. Min. Maurício Corrêa, julgamento em 2-5-2002, Plenário. **Diário de Justiça**, Brasília, 2 ago. 2002c.

BRASIL. Supremo Tribunal Federal. RE 603.025, Rel. Min. Luiz Fux, decisão monocrática, julgamento em 29-3-2012. **Diário de Justiça Eletrônico**, Brasília, 10 abr. 2012c.

BRASIL. Supremo Tribunal Federal. RE 677.454-AgR, rel. min. Celso de Mello, julgamento em 28-8-2012, Segunda Turma. **Diário de Justiça Eletrônico**, Brasília, 19 set. 2012b.

BRASIL. Tribunal de Contas da União. Resolução nº 155, de 4 de dezembro de 2002. Aprova o Regimento Interno do Tribunal de Contas da União. **Diário Oficial da União**. Brasília, 09 dez. 2002b, Seção 1, p.125. Disponível em: <http://portal2.tcu.gov.br/portal/page/portal/TCU/estagios/forms/Regimento%20Interno.pdf> Acesso em: 18 out. 2013.

BRASIL. Tribunal de Contas da União. **Organograma**. Disponível em: <http://portal.tcu.gov.br/institucional/estrutura-organizacional/>. Acesso em: 01 fev. 2018.

BRASÍLIA. Projeto de Lei da Câmara nº 103, de 2012. Aprova o plano nacional de educação –PNE e dá outras providencias. **Diário do Senado Federal**, Brasília, 15 dez. 2012. Disponével em: < http://www.senado.gov.br/atividade/materia/getPDF.asp?t=115871&tp=1>. Acesso em: 10 out. 2013.

BUCCI, Maria Paula Dallari. **Direito administrativo e políticas públicas**. São Paulo: Saraiva, 2002.

BUCCI, Maria Paula Dallari. O conceito de políticas públicas em direito. In: BUCCI, Maria Paula Dallari (Org.). **Políticas públicas:** reflexões sobre o conceito jurídico. São Paulo: Editora Saraiva, 2006. p. 1-50.

CAMPOS, Anna Maria. Accountability: quando poderemos traduzi-la para o português? **Revista de Administração Pública.** Rio de Janeiro, v.24, n. 2, p.30-50, fev/abr. 1990. Disponível em: <http://ebape.fgv.br/sites/ebape.fgv.br/files/rap8_0.pdf>. Acesso em: 25 set. 2013.

CARVALHO FILHO, José dos Santos. **Manual de direito administrativo**. 26. ed. rev., ampl. e atual. até 31-12-2012. São Paulo: Atlas, 2013.

CENTRO DE ESTUDOS E PESQUISA SOBRE CORRUPÇÃO **(CEPC).** Disponível em: <http://www.cepcorrupcao.com.br/>. Acesso em: 05 nov. 2013.

COIMBRA, Fábio Magrinelli. Estado democrático de direito e controle da atividade estatal: breves notas sobre a Controladoria-Geral da União. **Revista da Faculdade de Direito de Campos**. Campos dos Goytacazes, Rio de Janeiro, v. 7, n. 8, p. 335-357, jan./jun. 2006. Disponível em: <http://fdc.br/Arquivos/Mestrado/Revistas/Revista08/Discente/Fabio.pdf>. Acesso em: 05 nov. 2013.

CONSELHO NACIONAL DE CONTROLE INTERNO. **Resolução nº 001, de 21 de Março de 2013**. Aprova o Regimento Interno do Conselho Nacional de Controle Interno – CONACI. Maceió, 21 de Março de 2013. Disponível em: <http://conaci.org.br/estatuto/> Acesso em: 22 jan. 2014.

CRETELLA JÚNIOR, José. **Manual de direito administrativo**: curso moderno de graduação. 7. ed. Rio de Janeiro: Forense, 2005.

DAMATTA, Roberto (Coord.). **Sumário Executivo**: pesquisa diagnóstico sobre valores, conhecimento e cultura de acesso à informação pública no poder executivo federal brasileiro. Controladoria-Geral da União, dez. 2011. Disponível em: < http://www.cgu.gov.br/Publicacoes/SumarioPesquisaAcessoInformacao/SUMARIO_FINAL.pdf>. Acesso em: 22 jan. 2014.

DECLARAÇÃO de direitos do homem e do cidadão, 1789. In: Textos Básicos sobre Derechos Humanos. Madrid. Universidad Complutense, 1973. Traduzido do espanhol por Marcus Cláudio Acqua Viva. APUD FERREIRA FILHO, Manoel G. *et. alli*. **Liberdades Públicas.** São Paulo, Ed. Saraiva, 1978. Disponível em: <http://www.direitoshumanos.usp.br/index.php/Documentos-anteriores-%C3%A0-cria%C3%A7%C3%A3o-da-Sociedade-das-Na%C3%A7%C3%B5es-at%C3%A9-1919/declaracao-de-direitos-do-homem-e-do-cidadao-1789.html> Acesso em: 08 out. 2013.

DIAS, Maria Tereza Fonseca. Políticas públicas e terceiro setor. In: FORTINI, Cristiana; ESTEVES, Júlio César dos Santos; DIAS, Maria Tereza Fonseca (Org.). **Políticas públicas**: possibilidades e limites. Belo Horizonte: Fórum, 2008. 377 p.

DI PIETRO, Maria Sylvia Zanella. **Direito administrativo**. 23. ed. São Paulo: Atlas, 2010.

DI PIETRO, Maria Sylvia Zanella. **Direito administrativo**. 26. ed. São Paulo: Atlas, 2013.

DYE, Thomas. **Understanding Public Policy**. 4th ed. New York: Prentice Hall, 1972.

ESCOLA VIRTUAL CGU. **Rumo a uma cultura de acesso à informação**: a Lei nº 12.527/2011. Apostila, módulo I. 2013.

FACCIONI, Vitor J. Urgências do controle interno. **Interesse Público**, Belo Horizonte, ano IX, n. 46, mar.-abr. p. 67-72. 2007.

FARIA, Edimur Ferreira de. **Curso de direito administrativo positivo:** atualizado de acordo com a Emenda Constitucional n. 41/03. 5. ed. rev. e ampl. Belo Horizonte: Del Rey, 2004.

FARIA, Edimur Ferreira de. **Curso de direito administrativo positivo:** atualizado de acordo com a Lei Nº 12.349/2010. 7. ed. rev. e ampl. Belo Horizonte: Del Rey, 2011.

FERNANDES, Bernardo Gonçalves. **Curso de direito constitucional**. 3. ed. Rio de Janeiro: Lumen Juris, 2011.

FERNANDES, Jorge Ulisses Jacoby. **Tribunais de contas do Brasil**: jurisdição e competência. 2. ed. 1.reimpressão. Belo Horizonte: Fórum, 2008.

FERREIRA, Aurélio Buarque de Holanda. **Miniaurélio século XXI escolar**: O minidicionário da língua portuguesa. 4. ed. ver. ampliada. Rio de Janeiro: Nova Fronteira, 2000.

FERREIRA, Herbert. **Celebrado o TAC para a garantia dos direitos do idoso abrigado, em Nossa Senhora da Glória**. JusBrasil. Sergipe. 2013. Disponível em: http://mp-se.jusbrasil.com.br/noticias/100502588/celebrado-tac-para-a-garantia-dos-direitos-do-idoso-abrigado-em-nossa-senhora-da-gloria>. Acesso em: 12 nov. 2013.

GASPARINI, Diogenes. **Direito administrativo**. 17. ed. São Paulo: Saraiva, 2012.

GLOBO. Anatel permitirá que operadoras paguem multas com investimentos: agência aprovou regulamento estipulando que celebração de Termos de Ajustamento de Conduta (TACs) implicarão no arquivamento dos processos relacionados à conduta irregular de empresas. Tecnologia. **O Globo**, São Paulo, 2013. Disponível em: <http://oglobo.globo.com/tecnologia/anatel-permitira-que-operadoras-paguem-multas-com-investimentos-10988095. Acesso em: 12 nov. 2013.

GOMES, Eduardo Granha Magalhães. **Conselhos gestores de políticas públicas**: democracia, controle social e instituições. 2003. 111f. Dissertação (Mestrado em Administração Pública e Governo da FGV/EAESP). Fundação

Getúlio Vargas, São Paulo. Disponível em: <http://www.planejamento.gov.br/secretarias/upload/Arquivos/seges/EPPGG/producaoAcademica/dissertacao_EduardoGranha.pdf>. Acesso em: 12 nov. 2013.

GUERRA, Evandro Martins. **Os controles externo e interno da administração pública**. 2. ed. rev. e ampl., 2. tiragem. Belo Horizonte: Fórum, 2007.

JUSTEN FILHO, Marçal. **Curso de direito administrativo**. 7. ed. rev. e atual. Belo Horizonte: Fórum, 2011.

JUSTEN FILHO, Marçal. **Curso de direito administrativo**. 8. ed. rev. ampl. e atual. Belo Horizonte: Fórum, 2012.

KPMG, Forensic. **A fraude no Brasil:** relatório da pesquisa 2009. Brasil: Índice Arte Gráfica e Editoração, set. 2009. Disponível em: < http://www.kpmg.com.br/publicacoes/forensic/Fraudes_2009_port.pdf>. Acesso em: 15 nov. 2013.

LEONCY, Léo Ferreira. Uma proposta de releitura do "principio da simetria". **Revista Consultor Jurídico**, 24 nov. 2012. Disponível em: <http://www.conjur.com.br/2012-nov-24/observatorio-constitucional-releitura-principio-simetria>. Acesso em: 15 nov.2013.

MEDAUAR, Odete. **Direito administrativo moderno**. 14. ed. ver. e atual. São Paulo: Revista dos Tribunais, 2010.

MEDAUAR, Odete. **Controle da administração pública**. 2. ed. rev. atual. e ampl. São Paulo: Revista dos Tribunais, 2012.

MEDEIROS, Paulo Henrique Ramos; PEREIRA, José Matias. Controle Social no Brasil: confrontando a teoria, o discurso oficial e a legislação com a prática. **Revista do Tribunal de Contas da União**, Brasília: Tribunal de Contas da União, ano 34, n. 98, p. 63-72, out.-dez. 2003. Disponível em: <http://portal2.tcu.gov.br/portal/pls/portal/docs/2054650.PDF> Acesso em: 4 set. 2013.

MEIRELLES, Hely Lopes. **Direito administrativo brasileiro**. 29. ed. São Paulo: Malheiros, 2004.

MELO, Rebeca. **TAC é celebrado visando o pagamento dos servidores públicos de São Cristóvão.** JusBrasil. Sergipe, 2010. Disponível em: http://mp-se.jusbrasil.com.br/noticias/1990458/tac-e-celebrado-visando-o-pagamento-dos-servidores-publicos-de-sao-cristovao. Acesso em: 04 set. 2013.

MELLO, Celso Antônio Bandeira. **Curso de direito administrativo**. 27. ed. rev. e atual. até a Emenda Constitucional 64, de 4.2.2010. São Paulo: Malheiros, 2010.

MENEZES, Ebenezer Takuno de; SANTOS, Thais Helena dos. "EMC (Educação Moral e Cívica)" (verbete). **Dicionário Interativo da Educação Brasileira - EducaBrasil.** São Paulo: Midiamix Editora, 2002. Disponível em: http://www.educabrasil.com.br/eb/dic/dicionario.asp?id=364. Acesso em: 22 nov.2013.

MENDEL, Toby. **Liberdade de informação**: um estudo de direito comparado. 2. ed. Brasília : UNESCO, 2009. Disponível em: <http://portal.unesco.org/ci/en/files/26159/126398551119freedom_information_pt.pdf/freedom_information_pt.pdf>. Acesso em: 15 nov. 2013.

MILESKI, Hélio Saul. Controle social: um aliado do controle oficial. **Revista do Tribunal de Contas do Estado do Rio Grande do Sul,** Porto Alegre: Tribunal de Contas do Estado do Rio Grande do Sul, v. 22, n.38, p.29-44, 2. sem. 2005. Disponível em: <http://www1.tce.rs.gov.br/portal/page/portal/tcers/publicacoes/revista_tce/Revista%20TCE%2038.pdf> Acesso em: 25 set. 2013.

MOREIRA NETO, Diogo de Figueiredo. **Curso de direito administrativo**. 13. ed. Rio de Janeiro: Forense, 2003.

MOREIRA NETO, Diogo de Figueiredo. **Quatro paradigmas do direito administrativo pós-moderno**: legitimidade, finalidade, eficiência e resultados. Belo Horizonte: Fórum, 2008.

MÚGICA HERZOG, Enrique. Una buena administración como un recurso de derechos humanos. Derechos Humanos. Órgano Informativo de la Comisión de Derechos Humanos del Estado de México. El Ombudsman. Nuevas competencias, nuevas funciones [on line]. **Unam**, n. 58, nov./dec., 2002. Disponível em: <http://www.juridicas.unam.mx/publica/librev/rev/derhum/cont/58/pr/pr28.pdf>. Acesso em: 22 nov. 2013.

NASSIF, Gustavo Costa. **O ombudsman**: por uma democracia deliberativa internacional para além do cosmopolitismo. 2012. 371f. Tese (Doutorado) - Pontifícia Universidade Católica de Minas Gerais, Programa de Pós-Graduação em Direito, Belo Horizonte. Disponível em: <http://www.biblioteca.pucminas.br/teses/Direito_NassifGCo_1.pdf>. Acesso em: 21 out. 2013.

NEVES, Marcelo. **A constitucionalização simbólica**. São Paulo: Martins Fontes, 2007.

OECD, **Better policies for better lives**. Brasil. Disponível em: < http://www.oecd.org/brazil/>. Acesso em: 21. Out. 2013.

ORGANIZAÇÃO DAS NAÇÕES UNIDAS. Declaração Universal dos Direitos Humanos. 1948. Rio de Janeiro: **UNIC**, 2000. Disponível em: <http://unicrio.org.br/img/DeclU_D_HumanosVersoInternet.pdf>. Acesso em: 25 set. 2013.

ORGANIZAÇÃO DAS NAÇÕES UNIDAS. Resolução n. 2.200-A (XXI) da Assembléia Geral das Nações Unidas a 19 de dezembro de 1966. **Pacto Internacional dos Direitos Civis e Políticos.** Disponível em: <http://www.Planalto.gov.br/ccivil_03/decreto/1990-1994/D0592.htm> Acesso em: 15 nov. 2013.

ORGANIZAÇÃO DAS NAÇÕES UNIDAS. Convenção das Nações Unidas contra a corrupção. 2003. **UNODC**: 2007. Disponível em: <http://www.unodc.org/docuMents/lpo-brazil//Topics_corruption/Publicacoes/2007_UNCAC_Port.pdf> Acesso em: 15 nov. 2013.

ORGANIZAÇÃO DOS ESTADOS AMERICANOS. Comissão interamericana de direitos humanos. **Convenção americana sobre direitos humanos:** conferência especializada interamericana sobre direitos humanos. San José, Costa Rica, 22 nov. 1969. Disponível em: <http://www.cidh.oas.org/basicos/portugues/c.Convencao_americana.htm> Acesso em: 15 nov. 2013.

ORGANIZAÇÃO DOS ESTADOS AMERICANOS. Comissão interamericana de direitos humanos. **Declaração de princípios sobre liberdade de expressão.** 108º período ordinário de sessões, celebrado de 16 a 27 out. 2000. Disponível em: <http://www.cidh.oas.org/basicos/portugues/s.Convencao.Libertade.de.Expressao.htm>. Acesso em: 15 nov. 2013.

PAIVA, Rodrigo Márcio Medeiros. **O controle social na administração pública**: propostas para estruturar e estimular o seu desenvolvimento. 2004. 53f. Monografia (Especialização) - TCE / ECOSIL - UFPB / CCSA. Universidade Federal da Paraíba, Centro de Ciências Sociais Aplicadas. João Pessoa. Disponível em: <https://bvc.cgu.gov.br/bitstream/123456789/2997/1/o_controle_social_na.pdf>. Acesso em: 13 nov. 2013.

PARLAMENTO EUROPEU. Cartas dos direitos fundamentais da União Europeia. **Jornal Oficial das Comunidades Europeias.** 18 dez. 2000. Disponível em: <http://www.europarl.europa.eu/charter/pdf/text_pt.pdf> Acesso em: 25 set. 2013.

PARLAMENTO EUROPEU. Carta dos direitos fundamentais da União Europeia. **Jornal Oficial das Comunidades Europeias**. 13 dez. 2007.

PINSKY, Jaime. **Brasileiro(a) é assim mesmo**: cidadania e preconceito. São Paulo: Contexto, 1993. 112p.

PINSKY, Jaime. **Cidadania e educação.** São Paulo: Contexto, 1998. 135p.

PRATES, Marco. Educação brasileira fica entre 35 piores em ranking global. **Exame**, São Paulo, 02 out. 2013. Disponível em: <http://exame.abril.com.br/brasil/noticias/educacao-brasileira-fica-entre-35-piores-em-ranking-global>. Acesso em: 23 nov. 2013.

SANTIN, Janaína Rigo; FINAMORE, Eduardo Belisário. A gestão democrática municipal e o papel dos conselhos em Passo Fundo. **História, Debates e Tendências**, v.7, n. 2, jul./dez. p. 204-225, 2007. Disponível em: < http://www.upf.br/seer/index.php/rhdt/article/view/3193>. Acesso em: 12 nov. 2013.

SILVA, Cristiana Maria Fortini Pinto e; MIRANDA Iúlian. O direito à informação como garantidor do controle social das atividades administrativas: Uma análise dos riscos oriundos dessa participação popular. In: CALDAS, Roberto Correia da Silva Gomes; FERREIRA, Daniel; MENDONÇA, Maria Lírida Calou de Araújo e. (Coord.) **Direito e administração pública.** [Recurso eletrônico on-line] organização: CONPEDI/UNICURITIBA. Florianópolis: FUNJAB, 2013. p. 371-395. Disponível em: <http://www.publicadireito.com.br/artigos/?cod=64f173a41d2ffa62> Acesso em: 15 de out. de 2013.

SOARES, Mário Lúcio Quintão. **Teoria do estado:** o substrato clássico e os novos paradigmas como pré-compreensão para o direito constitucional. Belo Horizonte: Del Rey, 2001.

SPONHOLZ, Roque. **Nova lei de acesso à informação**. Disponível em: <http://www.sponholz.arq.br/>. Acesso em: 22 nov. 2013.

STRECK, Lenio Luiz. Pelo menos a palmeira jussara, a euterpe edulis, evolui. **Consultor Jurídico**, São Paulo, 22 ago. 2013. Disponível em: <http://www.conjur.com.br/2013-ago-22/senso-incomum-palmeira-jussara-euterpe-edulis-evolui> Acesso em: 20 set. 2013.

UNESCO, Organização das Nações Unidas para a Educação e a Cultura. **Ensinar e Aprender**: alcançar a qualidade para todos. Relatório conciso. Brasília, 29 jan. 2014. Disponível em: < http://www.unesco.org/new/fileadmin/MULTIMEDIA/FIELD/Brasilia/pdf/EFAreport_pt_2014_ppt-presentation.pdf>. Acesso em: 22 jan. 2014.

VALLE, Vanice Regina Lírio do. Direito fundamental à boa administração, políticas públicas e a prevenção do desgoverno. **Interesse Público**, Belo Horizonte, v.10, n.48, p.87-109, mar. 2008.

VALLE, Vanice Regina Lírio do. **Políticas públicas, direitos fundamentais e controle judicial**. Belo Horizonte: Fórum, 2009.

VEJA. CGU reduz fiscalização em cidades com verbas federais. Caderno Gastos Públicos. **Revista Veja**, São Paulo, 06 nov. 2013a. Disponível em: http://veja.abril.com.br/noticia/brasil/cgu-reduz-fiscalizacao-em-cidades-com-verbas-federais. Acesso em: 06 nov. 2013.

VEJA. **Contas abertas**. Disponível em: http://www.contasabertas.com.br/website/. Acesso em: 06 nov. 2013b.